KB076368

Education and the Significance of Life
크리슈나무르티, 교육을 말하다

크리슈나무르티,
교육을 말하다

J. 크리슈나무르티 지음 · 캐서린 한 옮김

한국NVC센터

●

역자 서문

1980~1990년대에 인기가 있었던 크리슈나무르티(J. Krishna-murti, 이하 K)를 왜 다시 읽어야 하는가? '사람들을 온전히 자유롭게' 하기 위해 평생을 바친 K의 말이 문화, 이념, 인종을 넘어 모든 사람이 공유하는 문제의 근본을 철저히 지향하고 있기 때문이다. 이 책에 나오는 어떤 구절들은 K가 오늘 우리 신문을 읽고 쓴 게 아닌가 하는 생각이 들 정도로 시간에 제한을 받지 않는다.

　개인이든 사회든 더 성숙한 단계로 넘어가려면 기존의 가치관·구조를 바꾸어야 하는데, 이때 우리를 항상 엿보고 있는 두려움에 걸려 넘어지기 쉽다. 이처럼 앞으로 나아가기 위한 비전이 필요할 때, K의 목소리는 한 줄기 밝은 빛과 같다.

우리가 좀 더 나은 사회를 지향할 때 진정한 교육의 역할이 얼마나 중요하고 그것을 어떻게 성취할 수 있는가를 K는 이 책에서 보여 주고 있다. 우리 아이들이 슬기롭고 총명하게 꽃 필 수 있는 학교를 만들고 전쟁에 나가 죽이고 죽지 않는 안전한 세상을 만들려면 절대적인 사랑이 필요한데, 그런 사랑은 교사와 부모가 우선 자기 이해를 통해 내면의 변화를 이룰 때 가능하다는 것을 K는 설득력 있게 우리에게 전하고 있다. 여기서 K가 말하는 교사와 부모의 진지한 자기 이해란 가르침의 본질, 권위, 힘, 재산, 성, 아름다움, 창조, 그리고 사랑에 대한 깊은 이해를 뜻한다. 그리고 다른 사람들, 자연 등과 맺고 있는 관계들을 포함하는 삶을 '나' 중심이 아니라 전체로서 이해하려는 노력을 가리킨다.

나는 30여 년 전에 미국에서 처음 K의 가르침을 접하고 깊은 감명을 받았다. 캘리포니아 주의 아름다운 작은 동네 오하

이 Ojai에 있는 K 학교에 조카들을 보내려고 그곳으로 이사를 할 정도였다. 그러나 그 감동적인 가르침을 일상생활에 어떻게 옮겨야 할지 몰라 정말로 난감했다. 그러다가 20여 년 전, K에게 많은 영향을 받고서 비폭력대화Nonviolent Communication, NVC를 만든 마셜 로젠버그를 만났을 때 참으로 반가웠다. NVC는 내가 K의 가르침을 일상에서 실천하는 데 도움을 주고, 나는 NVC를 계속 가르치면서 K의 정신을 사람들에게 전하고 있다.

이 책이 나오기까지 장재경 최광렬, 두 분의 도움을 받았다. 장재경 선생은 번역의 첫걸음을 함께 떼어 주었고, 최광렬 선생은 번역문을 꼼꼼히 검토해 주었다. 두 분께 감사드린다.

2016년 6월

캐서린 한

7

차례

1

삶의 의미와 교육

Education and the Significance of Life

세계를 여행하다 보면, 미국·유럽이나 호주·인도 어디에서든 사람들이 얼마나 같은지를 보게 됩니다. 대학들을 가 보면 이 점이 더 분명하게 보입니다. 대학에서 안전한 삶을 추구하고 유명한 사람이 되고 가능한 한 생각은 하지 않으면서 즐거운 시간을 보내는 것이 주 관심사인 사람을 찍어 내고 있습니다.

지금의 교육은 학생들이 자율적으로 생각하는 것을 극히 어렵게 만들고 남들과 똑같이 순응하며 살게 만듭니다. 자기가 속한 집단의 사람들과 다르게 행동하거나 주어진 환경에 저항하는 것은 쉬운 일이 아닐뿐더러, 우리가 성공을 숭배하며 살 때에는 위험한 일이기 쉽습니다. 물질적인 면이나 소위 영적인 영역에서 성공을 하려는 충동은 우리 내면이나 바깥에서 안전을 추구하고 안락하기를 바라는 것인데, 그 과정에서 불만은 억누르게 되고, 자발성은 사라지고, 두려움이 자리 잡기 시작합니다. 그 두려움이 삶에 대한 진정한 이해를 가로막습니다. 그리고 나이 들어 가면서 우리의 마음mind과 가슴 heart은 무디어집니다.

우리는 안락한 삶을 추구하면서 갈등이 제일 적을 것 같은 삶의 조용한 한 구역을 찾고서는 그 은신처 밖으로 나가는 것을 두려워합니다. 삶에 대한 이 두려움, 무언가에 맞서고 새로운 것을 경험하는 것에 대한 이런 두려움이 우리 안에 있는 모험심을 죽입니다. 우리가 자라며 받은 교육 때문에, 우리는 이웃 사람들과 달라지거나 사회의 기존 틀과 반대로 생각하는 것을 두려워하고, 권위와 전통에 거짓 경의를 표하며 살게 되었습니다.

다행히 진보나 보수라는 편견 없이 우리네 인간의 문제들을 진지한 자세로 검토하려는 소수의 사람들이 있습니다. 그러나 우리 대부분에게는 진정한 불만과 저항의 정신이 없습니다. 주변 환경에 순응해 살다 보면, 그나마 남아 있던 저항 정신도 우리가 깨닫지 못하는 사이에 점점 사그라들고, 머지 않아 삶의 무게가 이 저항 정신을 완전히 없애 버립니다.

저항에는 두 가지가 있습니다. 하나는 기존 질서에 대한 진정한 이해가 없는 단순반응인 폭력적 저항이고, 다른 하나는 깊은 지성에서 비롯한 정신적 저항입니다. 기존 정설에 도전하는 사람은 많지만, 그들 나름의 새로운 정통성을 내세우고 더 큰 환상과 은밀한 자기 방종에 빠지고 맙니다. 일반적으로, 우리는 한 단체나 어떤 관념의 틀에서 벗어난 후에 다른 단체에 들어가 그 단체의 이상을 채택하고, 나중에 또다시 그것에 저항해야 할 생각의 틀을 받아들입니다. 반사적 행동은 반대편을 키울 따름이고, 그로부터 말미암은 개혁은 또 다른 개혁을 요구하게 됩니다.

반사적 반응이 아닌 지성적 저항intelligent revolt이 있습니다. 그것은 우리의 생각과 느낌을 알아차림으로써 얻게 되는 자기 이해와 함께 옵니다. 경험하는 것을 오는 그대로 직면하면서 혼란을 회피하지 않을 때에만 우리는 고도의 지성을 유지하게 됩니다. 이렇게 예리하게 깨어 있는 지성이 곧 우리의 직관적 통찰이고, 삶의 유일하고 진정한 안내자입니다.

●

그러면 삶의 참된 의미는 무엇일까요? 우리는 무엇을 위해 살며, 무엇을 위해 아등바등하는 걸까요? 단지 이름을 떨치고, 더 나은 직업을 얻고, 더 효율적인 존재가 되고, 더 많은 사람을 지배하기 위해서만 교육을 받는다면, 우리의 삶은 피상적이고 공허해질 것입니다. 만약 우리가 그저 과학자나 책에 파묻힌 학자나 지식에 중독이 된 전문가가 될 목적으로만 교육을 받는다면, 우리는 세상을 파괴하고 비참하게 만드는 데 일조하고 있는 것입니다.

삶에 더 고귀하고 큰 의미가 있다 하더라도, 그것을 찾지 못한다면 우리가 받는 교육에 무슨 가치가 있겠습니까? 높은 수준의 교육을 받는다 하더라도, 우리 안에서 생각과 느낌이 깊이 통합되지 않으면, 우리의 삶은 불완전하고 모순투성이고 여러 가지 두려움에 쫓기는 것이 되고 맙니다. 삶을 통합적으로 볼 수 있는 눈을 길러 주지 못한다면, 그런 교육에 무슨 의미가 있겠습니까?

현대 문명이 우리의 삶을 너무나 많은 분야로 쪼개 놓아서, 특수한 기능이나 전문성을 습득하는 것 외에는 교육이 별로 의미가 없게 되었습니다. 개인에게 통합된 지성을 일깨워 주는 대신에 어떤 틀에 맞추어 살도록 부추김으로써, 지금의 교육은 개인이 자기 삶을 전체적으로 이해하는 것을 방해하고 있습니다. 여러 영역에서 생겨나는 삶의 많은 문제들을 개별 문제 차원에서 해결하려 드는 것은 문제에 대한 철저한 몰이해를 보여 줄 따름입니다.

개인은 여러 다른 요소로 구성되어 있습니다. 그러나 차이점을 강조하면서 특정한 면만 개발하는 것을 장려하면, 많은 복잡한 문제와 모순이 따릅니다. 교육은 개인 안의 여러 요소의 통합integration을 가져오는 것이어야 합니다. 왜냐하면 내면의 통합 없이는 삶의 갈등과 슬픔이 계속되기 때문입니다. 소송이 끊이지 않도록 하는 데 일조할 따름이라면, 변호사가 되기 위해 받은 훈련이 무슨 가치가 있겠습니까? 계속 혼란스러운 상태에 있다면, 쌓아 놓은 지식이 무슨 가치가 있겠습니까? 서로를 파괴할 목적으로 이용한다면, 기술과 산업 능력을 갖추는 것이 무슨 의미가 있겠습니까? 폭력과 비참으로 귀결될 따름이라면, 우리 존재의 목적이 무엇이겠습니까? 비록 지금 돈이 있고, 더 벌 수 있는 능력이 있고, 여러 가지 쾌락을 누리고, 조직화된 종교가 있다 해도, 우리는 끝없이 갈등을 겪고 있습니다.

우리는 사적인 것the personal과 독립적 단위인 개인the individual을 구별해야 합니다. 사적인 것은 우연적인 것입니다. 우연이라는 말은 어쩌다가 태어나게 된 환경에서 자라며 배우게 되는 민족주의, 여러 가지 미신, 계급적 차이 및 편견을 말합니다. 사적이고 우연적인 것은, 설령 평생 간다 하더라도, 일시적인 것입니다. 그런데 오늘날의 교육은 이런 사적이고 우연적이고 일시적인 것에 기반을 두고 있기 때문에, 학생들에게 빗나간 생각과 자기를 방어해야 한다는 두려움을 되풀이해 심어 줍니다.

우리 모두는 교육과 환경의 영향으로, 사적인 이익과 안전을 추구하고 자신을 위해 싸우도록 훈련을 받아 왔습니다. 비록 미사여구로 포장하고 있지만, 우리는 착취와 더 가져야 한다는 불안에 기반을 둔 체제 안에서 여러 가지 직업을 위한 교육을 받아 왔습니다. 그런 교육은 자신을 다른 사람들로부터 분리하고 거리를 두게 하는 심리적 장벽을 심어 주기 때문에, 필연적으로 자신과 세상에 혼란과 불행을 가져옵니다.

교육은 단지 마음을 훈련시키는 일만이 아닙니다. 훈련은 효율성은 높일지 몰라도 온전함을 가져오지는 않습니다. 단순히 훈련만 받은 마음은 과거를 지속하는 것이라서 결코 새로운 것을 발견할 수 없습니다. 그래서 올바른 교육이 무엇인지 알아내려면 삶의 전체적인 의미를 캐물어야 합니다.

우리 대부분에게 삶의 전체적 의미가 가장 중요한 관심사가 아니다 보니, 우리의 교육은 부차적인 가치들을 강조하면서 지식의 어떤 한 분야에만 능숙하도록 만들고 있습니다. 지식과 효율성은 필요하지만, 그것에만 중점을 두면 많은 갈등과 혼란을 가져올 뿐입니다.

사랑의 영감에서 오는 효율성이 있는데, 그것은 야심에서 나온 효율성을 훨씬 뛰어넘고, 그보다 훨씬 더 좋은 것입니다. 사랑은 삶 전체에 대한 이해를 가져다주기 때문에 그런 사랑이 없는 효율성은 무자비한 사회를 만듭니다. 지금 세계 여러 곳에서 실제로 일어나고 있는 일입니다. 지금 우리 교육은 산업과 전쟁에 맞물려 있고, 제일 중요한 목표는 효율성을 높이는 것으로, 우리는 무자비한 경쟁과 상호 파괴를 낳는 이 기계에 말려들어 있습니다. 만일 교육이 우리를 전쟁으로 이끌고, 죽고 죽이는 것을 가르치고 있다면, 그것은 완전히 실패한 교육이 아닐까요?

●

올바른 교육을 이루려면 삶을 전체로서 이해해야 하고, 그러자면 일관성이 아니라 똑바로 참되게directly and truly 생각하는 능력이 필요합니다. 일관성 있게 생각하는 사람이란 어떤 틀을 따르는 탓에 판에 박힌 생각을 하면서 똑같은 말을 되풀이하는, 생각이 없는 사람입니다. 우리의 존재를 추상적, 이론적으로 이해할 수는 없습니다. 삶을 이해한다는 것은 우리 자신을 이해하는 것이고, 그것이 교육의 시작이고 끝입니다.

교육은 단지 지식을 습득하고 여러 정보를 모아 그 상관관계를 배우는 일일 뿐 아니라, 삶의 중요한 의미를 전체적으로 이해하는 것입니다. 그 전체는 한 부분만을 통해서는 접근할 수가 없습니다. 그러나 정부, 종교 조직, 권위주의 정당들은 그런 시도를 하고 있습니다.

교육의 역할은 인격이 통합된, 그래서 지혜로운 사람들을 길러 내는 것입니다. 우리는 지혜가 없어도 학위를 받고 기계처럼 능률적일 수 있습니다. 지혜는 단순한 지식이 아니고, 책에서 얻어지는 것도 아니고, 영리한 자기 방어술이나 공격적인 자기주장도 아닙니다. 공부를 하지 않은 사람이 교육을 받은 사람보다 더 지혜로울 수도 있습니다. 우리는 시험과 학위를 지성을 재는 척도로 삼고, 중요한 인간적 쟁점들은 회피하는 교활한 마음을 키워 왔습니다. 지성은 본질적인 것, 즉 있는 그대로what is를 파악하는 능력입니다. 이런 능력을 자신과 다른 사람 안에서 일깨우는 것이 교육입니다.

교육은 사람들이 불변의 가치를 발견해서 어떤 틀에 매달리거나 똑같은 구호를 되뇌지 않게 되도록 도와야 합니다. 나라 사이나 사회 안에 있는 장벽은 사람과 사람 사이에 적대감을 낳으므로, 교육은 그 장벽들을 강조할 것이 아니라 그것을 허물어 버리도록 우리를 도와야 합니다. 불행하게도 지금의 교육제도는 우리를 순종만 하는, 기계적이고 깊이 생각하는 능력이 없는 사람으로 만들고 있습니다. 우리를 지식 면에서는 일깨워 주지만, 내면적으로는 불완전하고 어리석고 창조적이지 못한 채로 내버려 둡니다.

삶에 대한 총체적 이해 없이는 우리가 개인이나 집단으로서 안고 있는 문제들은 더 심각해지고 확대될 것입니다. 교육의 목적은 단지 학자나 기술자, 직업을 찾는 사람들을 배출하는 것이 아니라, 불안과 두려움에서 자유롭고 통합된 인격을 갖춘 남자와 여자들을 길러 내는 것입니다. 왜냐하면 그런 사람들 사이에서만 평화가 지속될 수 있기 때문입니다.

두려움은 우리 자신을 이해할 때 끝납니다. 일상생활에서 일어나는 복잡하고 힘든 일들, 그리고 갑작스러운 상황들을 순간순간 헤쳐 나가려면, 우리는 끝없이 유연해야 하고 어떤 이론이나 특정한 생각의 틀에서 자유로워야 합니다.

교육은 사람들이 사회에 순응하도록, 아니면 불평을 하면서도 그럭저럭 맞추어 가며 살도록 장려해서는 안 됩니다. 편견 없는 탐구와 자기 이해self-awareness를 통해서만 얻을 수 있는 진정한 가치를 발견하도록 도와야 합니다. 자신을 이해하지 못한 채로 하는 자기표현은 공격적이고 야심에 찬 자기주장이 되어 갈등을 일으킵니다. 교육은 사람들이 단지 만족스럽게 자기표현을 할 수 있도록 하는 데 그칠 것이 아니라, 자신을 알아차릴 수 있는 능력을 일깨워 주어야 합니다.

배우고도 우리 스스로를 파괴하면서 살아간다면, 그런 배움의 좋은 점이 무엇이겠습니까? 세상을 황폐하게 하는 전쟁을 계속하며 사는 것을 보면, 우리가 아이들을 기르고 가르치는 방법에는 확실히 근본적으로 잘못된 데가 있습니다. 저는 우리 대부분이 이 점을 의식하고 있다고 생각합니다. 그러나 우리는 이 문제를 어떻게 다루어야 할지 모릅니다.

제도들은, 교육제도이든 정치제도이든, 어떤 신비한 것에 의해 바뀌는 것이 아닙니다. 우리 자신 안에서 근본적인 변화가 있을 때 바뀌는 것입니다. 가장 중요한 것은 개인이지 제도가 아닙니다. 각 개인이 자신의 내면 과정을 전체적으로 이해하지 못하는 한, 좌와 우를 막론하고 그 누가 만든 제도도 세계에 평화와 질서를 가져올 수 없습니다.

2

올바른 교육

The Right Kind of Education

●

무지한 사람은 배우지 못한 사람이 아니라 자기 자신을 모르는 사람입니다. 배운 사람이라 할지라도 책이나 지식에 매달리거나 권위자가 이해를 시켜 주리라고 믿고 의지한다면 어리석은 사람이 되고 맙니다. 이해는 자신의 심리적 과정 전체를 알아차리는 것, 즉 자신에 대한 지식을 통해서 옵니다. 따라서 진정한 의미의 교육은 자기 자신을 이해하는 것입니다. 왜냐하면 우리 각자 안에 존재existence의 전부가 담겨 있기 때문입니다.

지금 우리가 교육이라고 부르는 것은 여러 책에서 모은 정보와 지식을 쌓는 것인데, 그것은 글을 읽을 줄 아는 사람이라면 누구나 할 수 있는 일입니다. 이러한 교육은 우리 자신으로부터 은근히 도피할 수 있는 수단을 제공해 주는데, 모든 도피 행위가 그렇듯이 필연적으로 더 큰 고통을 가져옵니다. 갈등과 혼란은 우리가 다른 사람, 사물, 개념들과 잘못된 관계를 맺을 때 오는 결과입니다. 그 관계를 깊이 이해하고 바꾸지 않는 한, 단순히 지식을 쌓고 각종 기술을 습득하는 것은 우리를 더 깊은 혼란과 파괴로 이끌어 갈 것입니다.

지금처럼 구성된 사회에서 우리는 언젠가는 생활비를 벌게 해 줄 기술을 배우도록 아이를 학교에 보냅니다. 그리고 아이들이 경제적으로 안전하기를 바라기 때문에 무엇보다도 먼저 아이들을 한 분야의 전문가로 만들고 싶어 합니다. 하지만 기술을 쌓는 것으로 우리가 자기 자신을 진정으로 이해할 수 있을까요?

읽고 쓰기를 아는 것은 분명히 필요하고, 공학이나 그 밖의 어떤 전문 지식을 배우는 것도 필요하지만, 삶을 이해하는 능력을 기술에서 얻을 수 있을까요? 확실히 기술은 부차적인 것입니다. 만약 우리가 전문 기술만 추구한다면, 우리는 분명히 삶의 큰 부분을 놓치고 있는 것입니다.

삶은 고통이고, 기쁨이고, 아름다움과 추함 그리고 사랑입니다. 우리가 삶을 모든 차원에서 전체적으로 이해할 때, 그런 이해 자체가 각 차원에 적합한 기술을 창조해 냅니다. 그러나 그 반대 방향의 일은 일어나지 않습니다. 기술은 결코 창조적인 이해를 가져오지 못합니다.

기술을 지나치게 강조해 온 오늘날의 교육은 완전히 실패했습니다. 기술을 과도하게 강조하면서 우리는 인간을 파괴하고 있습니다. 삶을 이해하지 못한 채, 생각이나 욕구에 대한 폭넓은 이해 없이 능력과 효율성만 개발하는 것은 우리를 갈수록 무자비하게 만들어 전쟁을 일으키고 모두의 안전을 위태롭게 합니다. 기술 개발에 전면적으로 집중해서 과학자, 수학자, 다리 만드는 사람, 우주 탐험가들을 길러 냈지만, 그런 전문가들이 과연 삶의 과정을 총체적으로 이해할 수 있을까요? 전문가가 삶을 전체로서 경험할 수 있을까요? 그것은 그 사람이 전문가이기를 멈출 때에만 가능합니다.

　발달한 기술이 우리의 문제를 어느 차원에서는 해결하고 있는 것이 사실이지만, 그와 동시에 더 심각하고 광범한 문제를 만들어 내고 있습니다. 삶의 전체적 과정을 무시하고 어느 한 차원에만 머무르는 것은 고통과 파괴를 불러옵니다. 모든 개인에게 가장 중요하고 시급한 문제는 삶을 통합적으로 이해하는 것입니다. 그런 이해가 없으면 계속 복잡해져 가는 삶에 대응하는 데 필요한 능력을 갖추지 못할 것입니다.

　기술적 지식이 아무리 필요하다지만, 그것은 우리 내면에서 느끼는 심리적 압박과 갈등을 결코 해소해 주지 못합니다.

우리가 삶의 전체적 과정에 대한 이해 없이 기술적 지식을 쌓아 왔기 때문에, 그 기술이 우리 스스로를 파멸시키는 도구가 되었습니다. 원자를 분열시킬 줄은 알지만 가슴에 사랑이 없는 과학자는 괴물이 될 것입니다.

우리는 각자가 가진 능력에 따라 직업을 선택합니다. 그러나 한 직업에 종사하며 사는 것으로 갈등과 혼란에서 벗어날 수 있을까요? 어떤 형태의 기술적 훈련은 필요해 보입니다. 그렇지만 우리가 엔지니어나 의사 또는 회계사가 되었을 때, 그다음은요? 한 직업에 종사하는 것이 삶에 만족을 가져다줄까요? 우리 대부분은 그렇게 생각하는 것 같습니다. 우리는 가지각색의 직업에 종사하면서 우리가 존재하는 시간의 많은 부분을 바쁘게 보냅니다. 그 과정에서 우리는 많은 것들을 만들어 내고, 그것들에 도취되어 넋을 잃고 있습니다. 바로 그것들이 파괴와 재난을 가져오고 있습니다. 우리의 태도와 가치관이 사물과 직업을 질투와 고통, 증오를 일으키는 도구로 만듭니다.

자기 자신을 이해하지 못한 채로 단순히 직업에 종사하게 되면 좌절에 빠지게 되고 불가피하게 온갖 좋지 않은 활동으로 도피하게 됩니다. 깨달음이 없는 기술이 우리를 적개심에 찬 무자비한 존재로 만드는데, 우리는 그것을 미사여구로 덮어 버립니다. 기술을 강조하여 효율적인 사람이 된다 한들 그 결과가 서로 파괴하는 것이라면, 무슨 가치가 있겠습니까? 우리의 기술은 환상적일 정도로 발전했지만 서로 파괴하는 힘을 키워 주었을 뿐이고, 여전히 도처에 굶주림과 재난이 있습니다. 우리는 평화롭지도 행복하지도 않습니다.

기능적인 면이 제일 중요해질 때에 우리 삶은 단조롭고 지루한, 기계적이고 메마른 일상이 되어 버리고, 우리는 그로부터 도피해 온갖 유흥에 빠집니다. 이런저런 정보의 축적과 능력의 계발은, 즉 지금 우리가 교육이라고 부르는 것은, 삶과 행동의 통합에서 오는 온전함을 우리에게서 빼앗아 왔습니다. 삶의 전체적 과정을 이해하지 못하기 때문에 우리는 능력이나 효율성에 매달리고, 그것들이 점점 더 절대적으로 중요해집니다. 그러나 전체는 부분을 통해서는 이해할 수 없고 오직 행동과 체험을 통해서만 이해할 수 있습니다.

우리가 기술을 강조하는 또 다른 이유는 그것이 우리에게 경제적으로뿐 아니라 심리적으로도 안전하다는 느낌을 준다는 데에서 찾을 수 있습니다. 능률적으로 무언가를 할 수 있다는 것을 알게 될 때 우리는 안심이 됩니다. 피아노를 연주

하거나 집을 지을 수 있다는 것을 알 때 우리는 생동감을 느끼고 진취적인 독립심을 경험합니다. 그러나 이러한 심리적 안전을 위해 능력을 강조하는 것은 삶의 풍요로움을 부인하는 것입니다. 삶의 내용 전체는 우리가 결코 미리 볼 수 있는 것이 아니고, 순간순간 새롭게 경험해야 합니다. 그러나 우리는 미지의 것을 두려워하면서 제도·기술·신앙이라는 형태로 심리적 안전지대를 설정해 놓고 있습니다. 내면의 안전을 찾는 한, 우리는 삶의 과정 전체를 이해할 수 없습니다.

올바른 교육은 기술을 배우도록 북돋우는 동시에 그보다 훨씬 더 중요한 것을 달성해야 합니다. 사람들이 통합된 삶의 과정을 체험할 수 있도록 도와야 합니다. 이런 체험 안에서 능력과 기술이 제 역할을 하게 됩니다. 만약 우리가 진정으로 무언가 할 말이 있다면, 그 말 자체가 자기에게 맞는 스타일을 만들어 냅니다. 그러나 내면의 체험 없이 표현 방법만 배운다 한들 피상적 표현에 머무를 수밖에 없습니다.

온 세계에서 엔지니어들은 사람이 작동할 필요가 없는 기계들을 미친 듯이 고안해 내고 있습니다. 우리의 삶이 거의 전적으로 기계들로 돌아가면 인간은 어떻게 될까요? 우리는 여가를 지혜롭게 활용하는 방법을 모르는 채 더 많은 여유 시

간을 가지게 되어 지식으로, 사람들을 나약하게 만드는 오락
거리로, 또는 어떤 이상으로 도피하게 될 것입니다.

●

이상적인 교육에 관한 책이 많이 나와 있지만, 우리는 그 어
느 때보다도 더 심각한 혼란에 빠져 있습니다. 아이들이 온전
하고 자유로운 인간이 되도록 교육할 수 있는 특별한 방법이
있는 것은 아닙니다. 어떤 원칙이나 이상, 방법에 집착하는
한, 우리는 온갖 두려움과 갈등을 가져오는 자기중심적 행동
에서 사람들이 벗어나도록 도울 수 없습니다.

전쟁을 끝내고 온 세계의 파멸을 막으려면 우리 각자의 가
슴 안에서 근본적 변화가 반드시 일어나야 하는데, 제아무리
완벽한 이상향의 청사진이 있다 한들, 이상으로는 그런 변화
를 결코 가져올 수 없습니다. 이상은 지금 우리가 가진 가치관
을 변화시킬 수 없습니다. 가치 기준은, 있는 그대로what it is
에 대한 이해를 길러 주는 바른 교육을 통해서만 변화시킬 수
있습니다.

미래를 위해 특정한 이상 아래 함께 일할 때, 우리는 그 이
상에 대한 우리의 관념에 맞도록 사람들을 만들어 갑니다. 그

사람, 인간 자체에는 전혀 관심이 없고 그들이 마땅히 어떻게 되어야 한다는 관념이 더 중요해집니다. 있는 그대로의, 다시 말해 고유한 여러 특성들을 가진 한 사람보다는 그 사람이 '어떻게 되어야 한다' 쪽이 훨씬 더 중요해집니다. 어떤 유형의 인간이 되어야 한다는 우리 생각의 체로 거르지 않고 한 사람을 있는 그대로 이해하기 시작할 때에야 비로소 우리는 실상과 관계를 맺게 됩니다. 그러면 더 이상 그 사람을 다른 유형으로 바꾸려 하지 않으면서, 그 사람이 자신을 이해하는 것을 돕는 것만이 우리의 관심사가 될 것입니다. 거기에는 사적인 동기나 이익이 없습니다. 우리가 실상을 온전히 본다면 그것을 이해하게 되고, 그러면 그로부터 자유로워집니다. 우리가 누구인지 알려면 우리가 아닌 것을 추구하는 일을 멈추어야 합니다.

이상은 현재를 이해하는 데 방해가 되기 때문에 교육에는 설 자리가 없습니다. 확실히, 미래로 도피하지 않을 때에만 우리는 현재의 실상을 알아차릴 수 있습니다. 미래에 기대를 걸고 이상에만 몰두하는 것은 현재를 회피하려는 나태한 마음의 표현입니다.

이미 만들어진 이상향을 따른다는 것은 개인의 자유와 통합성을 부인하는 것이 아닐까요? 특정한 이상이나 틀에 따라 살거나 '어떻게 되어야 한다'는 공식에 맞추어 사는 것은 정말로 피상적이고 기계 같은 삶을 사는 것이 아닐까요? 우리에게 필요한 것은 이상주의자나 기계처럼 생각하는 사람이 아니라 슬기롭고 자유로운, 통합된 인격을 갖춘 사람입니다. 그렇지 않고 단지 완벽한 사회의 설계도를 가진 것뿐이라면, 지금의 실상을 무시하면서 '어떻게 되어야 한다'를 위해 피를 흘리며 싸우게 됩니다.

만약 인간이 자동 장치 같은 기계적 존재라면 미래가 예측될 수 있고 완벽한 이상향을 위한 계획도 구상될 수 있겠지요. 그러면 우리는 미래 사회를 면밀하게 계획하고 그것을 향해 나아갈 수 있을 것입니다. 그러나 인간은 어떤 일정한 틀에 따라 조립된 기계가 아닙니다.

현재와 미래 사이에는 엄청난 간극이 있고, 그 안에서 우리 한 사람 한 사람은 여러 가지 영향을 계속 받습니다. 우리는 현재를 희생하면서 미래에 좋은 결과가 오기를 바라며 틀린 방법을 쓰고 있습니다. 그러나 수단이 결과를 결정합니다. 게다가, '인간은 반드시 이런 식으로 되어야 한다'는 결정을 내리는 우리는 과연 누구인가요? 우리는 무슨 권리로 우리가 읽은 몇 권의 책이나 우리 자신의 야망이나 희망 그리고 두려움이 만들어 낸 틀에 다른 사람을 끼워 넣으려고 하는 건가요?

진정한 교육은, 아무리 미래의 유토피아를 약속하는 것일지라도, 어떠한 이념에도 관여하지 않습니다. 바른 교육은, 제아무리 주의 깊게 고안된 것일지라도, 그 어떠한 제도에도 기반을 두지 않습니다. 또한 올바른 교육은 어떤 특별한 방식으로 개인을 길들이는 수단도 아닙니다. 진정한 의미의 교육은 개인이 온전히 자유롭게 성숙하면서 사랑과 미덕으로 크게 피어나도록 돕는 것입니다. 우리가 관심을 가져야 할 일은 바로 그런 것이지, 어떤 이상적인 틀에 아이들을 맞추어 내는 것이 아닙니다.

기질과 적성에 따라 어떤 식으로든 아이들을 분류하는 것은 아이들 사이의 차이점만을 강조할 따름이라 결국 적대감을 불러일으키고 사회의 분열을 가져올 뿐, 완성된 인간으로 자라는 데 도움이 되지 않습니다. 분명히, 어떠한 방법이나 제도도 올바른 교육을 제공할 수 없으며, 특정한 한 가지 방법을 고수하는 것은 교육자의 나태함을 보여 주는 것입니다. 틀에 박힌 원칙에 따라 교육을 하는 한, 능률적인 사람은 배출할 수 있을지 몰라도 창조적인 인간을 양성해 낼 수는 없습니다.

사랑만이 다른 사람에 대한 이해를 가져옵니다. 사랑이 있을 때에는 다른 사람과 같은 차원에서 같은 시간에 즉각적인 교감이 일어납니다. 지금 우리는 너무나 감성이 메마르고, 공허하고, 사랑이 없기 때문에 정부나 제도가 우리 아이들의 교육을 떠맡고 우리 삶의 방향을 지시하도록 놓아두고 있습니다. 하지만 정부가 원하는 것은 능률적인 기술자이지 인간이 아닙니다. 왜냐하면 온전한 사람은 정부뿐 아니라 조직화된 종교 단체에도 위험한 존재이기 때문입니다. 그래서 정부와 종교 단체들은 교육을 통제하려고 합니다.

삶이란, 아무리 훌륭하게 고안된 것일지라도, 어떤 제도의 틀에 맞추어 끼워 넣을 수 있는 것이 아닙니다. 그리고 단지 지식만으로 훈련된 마음은 다양하고 미묘한 삶의 깊이와 높은 경지를 이해할 능력이 없습니다. 아이들을 어떤 한 사고 체계나 특정한 계율에 따라 훈련시키고 세분화된 영역에서만 생각하도록 가르친다면, 우리는 아이들이 통합된 인격을 갖춘 남성과 여성으로 자라는 것을 가로막게 되고, 그 결과로 아이들은 삶 전체를 직시하는 지혜로운 사고를 할 수 없게 됩니다.

교육의 가장 중요한 역할은 삶을 총체적으로 다룰 수 있는 통합된 개인을 길러 내는 것입니다. 이상주의자는 전문가와 마찬가지로 전체가 아니라 한 부분에만 초점을 둡니다. 어떤 이상의 틀에 따라 행동하는 한 통합은 이루어질 수 없습니다. 대부분이 이상주의자인 교육자들은 사랑을 제쳐 놓은 탓에 마음이 메마르고 가슴도 굳어 있습니다. 아이를 잘 이해하려면 빈틈없는 마음으로 주의를 기울이는 동시에 그 아이에 대한 교육자 자신의 반응도 알아차려야 합니다. 그러기 위해서는 아이를 어떤 이상에 따르도록 하는 것보다 훨씬 더 큰 지혜와 애정이 필요합니다.

교육의 또 다른 역할은 새로운 가치를 창조하는 것입니다. 아이들에게 단순히 기존 가치들을 심어 주고 어떤 이상에 순응하도록 만드는 것은 굴레를 씌우는 것이라 아이 안의 지혜가 깨어나지 못합니다. 지금의 세계적 위기 상황은 교육과 밀접한 관계가 있습니다. 이러한 전 지구적 혼란의 원인을 아는 교육자라면, 어떻게 하면 미래 세대가 더 큰 갈등과 재앙을 불러오지 않도록 학생들의 지혜를 일깨울 수 있는지 스스로 물어볼 것입니다. 장차 당면할 인류의 문제를 지혜롭게 풀어 갈 능력을 갖춘 성숙한 인간으로 아이들이 자라게 하려면, 교사는 온 생각과 정성, 애정을 바쳐 아이들에게 적합한 환경을 만들고 아이들의 이해력을 키워 주어야 합니다. 그러기 위해서는 교육자가 어떤 이념이나 제도, 믿음에 의지하는 대신 먼저 자기 자신을 이해해야 합니다.

원칙이나 이상의 관점에서 생각하는 대신에, 있는 그대로의 실상에 관심을 기울입시다. 지혜를 일깨워 주는 것은 있는 그대로의 실상에 대한 이해이기 때문에, 교육자의 지혜는 어떤 새로운 교육론에 대한 지식보다 훨씬 더 중요합니다. 아무리 생각이 깊고 지성적인 사람이 고안한 교육 방법이라 하더라도 어떤 한 방법을 따르게 되면 그 방법 자체가 더 중요해지고, 아이들은 그 이론에 잘 따를 때에만 의미 있는 존재가 됩니다. 어떤 사람들은 아이들을 도식에 따라 측정하고 분류하고서, 그것을 근거로 아이들을 교육합니다. 이런 교육 과정은 교육자에게는 편리할지도 모르겠습니다. 그러나 어떤 제도, 압제적인 의견으로 배움을 강요하는 것도, 균형 잡힌 온전한 인간을 길러 낼 수 없습니다.

올바른 교육은 우리가 생각하는 이상형, 즉 아이가 '어떻게 되어야 한다'는 틀을 아이에게 강요하지 않으면서 그 아이를 있는 그대로 이해하는 데 있습니다. 이상적이라고 생각하는 어떤 체제로 아이를 에워싸는 것은 아이가 그것에 순응하도록 강요하는 것이 되고 아이 안에 두려움이 생기게 하는데, 그 두려움은 있는 그대로의 자신의 모습과 어떻게 되어야 한다는 당위 사이의 끊임없는 갈등에서 옵니다. 모든 내면의 갈등은 밖으로 향해 사회에 표현됩니다. 이상은 우리가 아이를 이해하는 것도, 아이가 자신을 이해하는 것도 실제로 가로막습니다.

진정으로 아이를 이해하고 싶어 하는 부모는 이상이라는 필터를 통해서 아이를 바라보지 않습니다. 부모가 아이를 사랑한다면 아이를 있는 그대로 관찰하고 그 아이의 성향이나 마음가짐, 특성을 눈여겨볼 것입니다. 아이에 대한 사랑을 느끼지 못할 때에만 부모들은 이상을 강요하고 굴레를 아이에게 씌웁니다. 부모의 야망을 아이를 통해서 채우려 하면서 아이가 이렇게 저렇게 되기를 바랍니다. 부모가 이상이 아니라 아이 자체를 사랑한다면 아이가 자신을 있는 그대로 이해하는 것을 도울 가능성이 생깁니다.

예컨대 아이가 거짓말을 했을 때, 그 아이 앞에 진실성이라는 이상을 내놓은들 무슨 소용이 있겠습니까? 이때는 먼저 아이가 왜 거짓말을 하는지 알아내야 합니다. 아이를 도우려면 시간을 들여서 아이를 살피고 관찰해야 합니다. 그러기 위해서는 인내심과 사랑, 관심이 필요합니다. 아이에 대한 사랑과 진정한 이해가 없을 때, 우리는 이른바 이상이라는 어떤 행동 양식에 아이를 강제로 끼워 맞춥니다.

이상은 편리한 도피처입니다. 이상을 따르는 교사는 학생을 이해하거나 지혜롭게 보살필 수 없습니다. 그에게는 눈앞의 아이보다 앞으로 어떻게 되어야 한다는 미래의 이상형이 훨씬 더 중요하기 때문입니다. 이상을 추구할 때 사랑은 배제되고, 사랑 없이는 사람들의 문제를 해결할 수 없습니다.

●

올바른 교사는 어떤 방법에 의존하지 않으면서, 학생 하나하나를 살펴볼 것입니다. 어린이와 청소년을 대할 때, 우리는 감수성이 예민하고 즉흥적이기도 하고 섬세하며 때로는 겁을 먹기도 하고 감성이 넘치는 살아 있는 존재를 대하고 있는 것이지 쉽사리 고칠 수 있는 기계를 다루고 있는 게 아닙니다. 그래서 그들을 대할 때 우리는 깊은 이해심과 큰 인내심, 사랑이 있어야 합니다. 이해심, 인내, 사랑이 없을 때 우리는 쉽고 빠른 교정법에 의지하면서 아주 놀라운 결과가 매번 자동적으로 나오기를 바랍니다. 우리 태도와 행동의 이런 기계적인 면을 알아차리지 못하면, 습관적 반응만으로는 대처할 수 없는 혼란스러운 문제가 닥쳤을 때 우리는 그 상황을 외면하려 들 것입니다. 이것이 바로 교육에서 가장 어려운 문제 중 하나입니다.

어린이는 과거와 현재 둘 다의 결과이기 때문에 이미 조건 지어져 있습니다. 그 아이에게 우리가 습득한 것까지 전해 준다면 아이 것과 더불어 우리 자신의 멍에를 그 아이에게 지속시키는 꼴이 됩니다. 근본적인 변화는 우리를 제약하는 조건들을 이해하고 그것으로부터 자유로워질 때 일어납니다. 우리 자신이 아직 조건화의 굴레에 얽매여 있으면서 무엇이 바른 교육인지 논하는 것은 참으로 헛된 일입니다.

아이들이 아직 어린 동안에는 물론 신체적 위험으로부터 아이들을 보호하고 신체적으로 안전하게 느끼도록 돌보아 주어야 합니다. 그러나 애석하게도 우리는 거기서 멈추지 않고, 생각하고 느끼는 방식까지 아이에게 넣어 주려고 합니다. 우리의 열망과 의도에 아이를 맞추고 싶어 합니다. 아이들을 통해서 우리 자신을 영속하고 싶은 욕망을 충족하려 듭니다. 아이들 주위에 울타리를 치고, 우리의 믿음과 이념, 희망과 불안 안에 아이들을 가둡니다. 그러고는 아이들이 전쟁에 나가 죽거나 불구가 되어 돌아오면, 또는 삶의 과정에서 고통을 겪는 것을 보면 눈물 흘리며 기도합니다.

그런 경험들은 우리를 자유롭게 하기보다는 오히려 자아의 의지를 강하게 만듭니다. 자아는 자기를 방어하고 확장하려는 일련의 반응으로 구성되어 있고, 자아는 항상 자신이 투사한 것 안에서 만족스러운 것을 찾아 그것과 동일시하면서 성취감을 느낍니다. 우리가 경험을 '나에게' 또는 '나의'라는 식으로 자기중심적으로 해석하는 한, '나' 즉 자아ego가 반응을 통해 자신을 지속해 가는 한, 경험은 갈등과 혼란, 그리고 고통에서 자유로울 수 없습니다. 자아, 즉 축적된 반응인 자아가 더 이상 경험의 주체가 아닐 때에만 경험은 전적으로 다른 의미를 띠게 되고 창조적이 됩니다.

많은 고통을 일으키는 자아의 습관에서 아이들이 자유로워지도록 돕고자 한다면, 우리 각자가 아이들에 대한 태도와 관계를 근본적으로 바꾸기 시작해야 합니다. 부모와 교사들은, 자신들의 생각과 행동으로, 아이가 사랑과 미덕 안에서 자유롭게 피어나도록 도울 수 있습니다.

지금의 교육은 우리의 마음과 가슴을 제약하고 두려움을 지속시키는 유전적 성향과 환경의 영향을 학생들이 이해하는 것을 조금도 장려하고 있지 않습니다. 그러므로 현재의 교육은 이러한 굴레들에서 벗어난 온전한 인간을 길러 내는 데 도움이 되지 못합니다. 인간 전체를 보지 않고 한 부분에만 관심을 두는 모든 교육 형태는 필연적으로 더 큰 갈등과 고통을 가져옵니다.

사랑과 미덕은 오직 개인들이 자유로울 때에만 피어날 수 있고, 올바른 교육만이 그 자유를 가져올 수 있습니다. 현재 사회에 순응하는 것도, 미래 유토피아의 약속도 결코 개인에게 통찰을 줄 수 없습니다. 통찰이 없으면 사람은 끊임없이 문제를 만들어 냅니다.

자유의 내면적 본질을 이해하는 올바른 교사는, 학생 하나하나가 스스로 떠안은 가치관과 짐들을 관찰하고 이해할 수 있도록 도울 것입니다. 학생의 마음을 제약하고 두려움을 부추기는 두 가지, 즉 자신의 욕망과 그들에게 영향을 주는 주위의 조건들을 잘 이해하도록 도울 것입니다. 자기 성취에 대한 갈망이 끝없는 갈등과 슬픔을 가져오기 때문에, 교사는 학생이 성인으로 자라면서 주변의 모든 것들과 자신이 어떤 관계를 맺고 있는지 관찰하고 이해하도록 돕습니다.

물론, 개인에게 굴레를 씌우지 않으면서도 삶의 영원한 가치를 이해하도록 돕는 일은 가능합니다. 이렇게 개인의 의지를 한껏 키워 주면 오히려 혼란을 초래할 것이라고 말하는 사람이 있을지 모릅니다. 정말 그럴까요? 세상에는 혼란이 이미 있습니다. 혼란이 일어나는 것은 사람들이 자기 자신을 이해하도록 교육받지 못했기 때문입니다. 사람들은 피상적인 자유를 부여받은 동시에 기존 가치관을 받아들이도록 교육을 받아 왔습니다.

이러한 통제에 맞서서 저항하는 사람들이 많이 있습니다. 하지만 불행하게도 그들의 저항은 단지 이기적인 반발에 불과해서 우리의 삶을 더욱 어둡게 할 따름입니다. 마음이 반사적으로 반응하는 경향이 있다는 것을 이해하는 바른 교사는 학생들이 현재의 가치관을, 단순한 반발심에서가 아니라 삶의 과정에 대한 총체적 이해를 바탕으로, 바꾸는 것을 도와줄 것입니다. 사람과 사람 사이에 완전한 협력은 통합된 인격 없이는 불가능한데, 바른 교육은 그것이 개인 안에서 깨어나도록 도울 수 있습니다.

우리나 다가오는 세대가 올바른 교육을 통해서 인간관계에 근본적 변화를 가져올 수 있다는 것을 우리는 왜 그렇게 확신하지 못하는 걸까요? 우리는 그런 시도를 해 본 적이 없습니다. 우리 대다수는 바른 교육에 대해 두려움이 있는 것 같고, 그런 시도를 하고 싶어 하지 않습니다. 이 문제를 총체적으로 진지하게 탐구해 보지도 않은 채, 우리는 인간 본성은 바뀔 수 없다고 주장하면서 현실을 그대로 받아들이고, 아이들에게는 현재 사회에 맞추어 살라고 가르칩니다. 아이들로 하여금 지금의 우리 생활양식에 따르도록 조건화하면서 어떻게든 아이가 잘되기를 바라고 있습니다. 그러나 전쟁과 굶주림을 가져오는 현재의 가치관에 아이들이 순응하도록 가르치는 것을 교육이라고 볼 수 있을까요?

이런 조건화가 지혜와 행복을 가져올 것이라고 우리 자신을 속이지 맙시다. 우리가 두려워하고, 애정이 없고, 절망적일 만큼 냉담한 상태로 계속 남아 있다는 것은 아이들이 사랑과 미덕 안에서 활짝 꽃피도록 격려해 주는 일에는 실제로 관심이 없을뿐더러, 오히려 우리가 자초하고 아이들도 그에 동참하게 한 고통을 계속 이어 가는 쪽을 선호한다는 것을 뜻합니다.

현재의 사회 환경을 받아들이도록 학생을 얽매는 것은 분명히 꽤 어리석은 일입니다. 우리가 자진해서 교육에 철저한 변화를 가져오지 않는 한, 혼란과 비참이 계속되는 것에 대한 직접적 책임은 우리에게 있습니다. 그러다 결국 가공할 잔인한 혁명이 일어나면, 다른 부류의 사람들에게 무자비하게 착취할 기회를 주게 될 따름입니다. 권력을 잡은 각 집단은, 심리적 설득을 통해서건 폭력을 통해서건, 그들 나름의 탄압 수단을 개발해 냅니다.

·

정치적 그리고 산업상의 이유로, 현재의 사회구조에서는 규율에 따라 사람들을 훈육하는 것이 중요한 요소가 되었습니다. 우리는 심리적으로 안전하기를 바라기 때문에 다양한 형태의 훈육을 받아들이고 그에 따릅니다. 훈육은 어떤 결과를 보장해 주고, 우리에게는 결과가 수단보다 더 중요합니다. 그러나 수단이 결과를 결정합니다.

훈육이 위험한 이유 중 하나는, 그 훈육 제도 안에 있는 인간보다 제도 자체가 더 중요해진다는 것입니다. 그러면 훈육이 사랑을 대체하게 됩니다. 우리가 훈육에 매달리는 것은 우리의 가슴이 비어 있기 때문입니다. 자유는 결코 훈육이나 저항을 통해서 오지 않습니다. 자유는 마지막 결승점에서 성취하는 것이 아닙니다. 자유는 처음부터 있어야 합니다. 자유는 마지막에야 어떤 아득한 이상 속에서 찾아질 수 있는 것이 아닙니다.

자유는 자기만족을 위한 기회를 뜻하는 것이 아니고, 다른 사람에 대한 배려를 무시해도 좋다는 것을 뜻하는 것도 아닙니다. 진실한 교사는 아이들이 올바른 자유를 지향하며 자랄 수 있도록 가능한 모든 방법으로 아이들을 보호하고 도울 것입니다. 하지만 만약 교사 자신이 어떤 이념에 빠져 있거나 어떤 식으로든 독단적이거나 자기중심적이라면, 아이들을 도울 수 없을 것입니다.

감수성은 절대로 강제로 일깨울 수 있는 것이 아닙니다. 강제로 아이가 겉으로는 조용하도록 할 수 있을지 모르지만, 그것은 강제가 아이를 고집 세고 무례한 아이로 만든다는 사실을 외면하는 것입니다. 강제는 아이들 안에 적대감과 두려움을 키웁니다. 보상과 처벌은, 어떤 형태의 것이든, 아이의 마음을 비굴하고 둔하게 만들 뿐입니다. 그것이 우리가 원하는 바라면, 강제로 하는 교육을 계속해 나가는 것이 훌륭한 방법이겠지요.

하지만 그런 교육은 우리가 아이를 이해하는 데 도움이 되지 않고, 분열과 증오가 없는 바른 사회 환경을 이룩할 수도 없습니다. 아이들에 대한 사랑에는 올바른 교육이 포함되어 있습니다. 그러나 우리 대다수는 아이들을 사랑하지 않습니다. 아이들에 대해 큰 바람은 있는데, 실은 그것은 우리 자신을 위한 야심입니다. 불행하게도 우리 마음은 항상 무엇인가에 사로잡혀 바쁘기 때문에 가슴heart을 자극해서 사랑을 일깨우는 시간을 가지지 못합니다. 결국, 규율이란 필연적으로 저항을 수반합니다. 저항이 과연 사랑을 가져올 수 있을까요? 규제는 우리 주위에 벽을 쌓을 뿐이고 배타적이어서 항상 갈등을 일으킵니다. 훈육은 이해에 도움이 되지 않습니다. 왜냐하면 이해는 모든 선입견을 내려놓고 탐구하는 관찰에서 오기 때문입니다.

훈육은 아이를 통제하는 손쉬운 방법이지만, 삶에서 일어나는 문제들을 아이가 이해하는 데 도움이 되지는 못합니다. 학생 수가 많은 교실에서는 질서와 겉보기의 정숙함을 유지하기 위해 어느 정도의 강제 또는 상벌을 이용한 훈육이 필요할지도 모릅니다. 하지만 학생 수가 적은 교실에서 올바른 교사가 가르칠 때에도, 좋게 말해서 훈육이지만 실제로는 억압인, 그런 식의 교육이 필요할까요? 만약 학급 인원이 적고 교사가 아이들 하나하나에 충분히 주의를 기울이면서 그들을 관찰하고 도울 수 있는 환경이라면, 어떤 형태의 강제나 억압도 필요하지 않을 것이 분명합니다. 만약 그런 학급에서도 어떤 학생이 계속해서 소란을 피우거나 까닭 모를 말썽을 부린다면, 그런 행동을 일으키는 원인을 교사가 자세히 살펴보아야 합니다. 그것은 아이의 잘못된 식습관 때문일 수도 있고, 불충분한 휴식이나 가족 간의 불화, 또는 숨겨진 두려움 때문일 수도 있습니다.

올바른 교육 안에는 자유와 지성을 계발하는 것이 포함되어 있는데, 그것은 어떤 형태로든 두려움이 따르는 강제가 있으면 불가능한 일입니다. 결국 교육자의 관심은 학생이 자기 존재 전체의 복잡성을 이해하도록 돕는 데 있습니다. 학생의 어느 한 면을 키우는 데 도움이 된다는 이유로 그의 본성의 다른 면을 억압하라고 요구하면 그 학생의 내면에서는 끝없는 갈등이 일어나게 되고, 그것은 결국 사회에 대한 적대감으로 나타납니다. 질서를 가져오는 것은 훈육이 아니라 지혜입니다.

올바른 교육 안에는 순응이나 복종이 있을 자리가 없습니다. 교사와 학생 사이에 서로에 대한 애정과 상호 존중이 없으면 협력은 불가능합니다. 어른에게 존경을 표하라고 아이들에게 강요하면 대개는 그저 겉치레로 그러는 습관을 들이게 되고, 두려움이 존경심의 표현인 양 잘못 생각하게 됩니다. 존중과 배려가 없을 때, 특히 교사가 단지 자신이 가진 지식을 전달하는 도구가 될 때, 생기 넘치는 관계는 가능하지 않습니다.

만약 교사가 제자들은 존중하지 않으면서 자기는 존경하라고 요구한다면, 분명히 제자들은 그로 인해 냉담하고 무례한 행동을 하게 될 것입니다. 인간의 삶을 존중하지 않는 지식은 오직 파괴와 비참을 불러올 뿐입니다. 다른 사람을 존중하는 마음을 키우는 것은 바른 교육의 필수적인 부분입니다. 만일 교육자 자신이 이런 품성이 없다면, 학생들이 온전한 삶을 살도록 도울 수 없습니다.

지성은 본질적인 것을 분별할 수 있는 통찰력입니다. 본질적인 것을 분별하려면 마음이 자유로워야 합니다. 마음이 자신의 안전과 안락을 찾는 과정에서 스스로 만들어 낸 여러 가지 장애물에서 해방되어야만 합니다. 마음이 안전을 추구하는 한 두려움은 불가피합니다. 어떤 식으로든 획일적으로 통제를 받으면 예리한 알아차림과 지성은 파괴됩니다.

교육의 목적은 개인 사이의 바른 관계와 더불어 개인과 사회의 바른 관계를 키워 나가는 것입니다. 그래서 교육은 무엇보다도 개인이 자신의 심리 과정을 이해하는 데 반드시 도움이 되어야 합니다. 지성은 자신을 이해하고 더 나아가 그 자신을 초월하는 데 있습니다. 하지만 두려움이 있는 한 지성이 있을 수 없습니다. 두려움은 지성이 제 갈 길에서 벗어나게 하고 사람들이 자기중심적으로 행동하게 하는 원인 중 하나입니다. 훈련을 통해 두려움을 억누를 수 있을지는 몰라도 두려움의 뿌리를 뽑지는 못합니다. 지금의 교육에서 우리가 얻는 피상적 지식은 그 두려움을 더 깊이 숨길 뿐입니다.

어릴 때부터 집과 학교에서 우리 대부분에게 두려움을 서서히 주입합니다. 두려움은 성장 과정에서 우리의 태도와 판단을 지배하면서 수많은 문제를 일으키는데, 부모도 교사도 유년기 아이의 본능적인 두려움을 없애 주는 데 필요한 인내심과 시간, 그리고 지혜가 없습니다. 두려움이 우리가 삶을 보는 시각 전체를 비뚤어지게 하기 때문에, 올바른 교육에서는 두려움이라는 문제를 진지하게 다루어야 합니다. 지혜는 두려움이 없을 때 시작됩니다. 올바른 교육만이 두려움으로부터 자유를 가져올 수 있고, 오직 자유 안에서만 심오한 창조적 지혜가 생겨납니다.

어떤 행동에 대해 상이나 벌을 주는 것은 자기중심성을 강화할 뿐입니다. 국가나 신의 이름으로 다른 사람을 위해 하는 행동은 두려움을 낳고, 두려움에서는 바른 행동이 나올 수 없습니다. 아이가 다른 사람을 배려하는 마음을 가지도록 돕고 싶다면, 사랑을 뇌물로 써서는 안 되고, 타인을 배려하는 여러 가지 방식에 대해 시간과 인내심을 가지고 아이에게 설명을 해 주어야 합니다.

보상에 따라 행동할 때에는 다른 사람을 존중하는 마음이 없습니다. 뇌물이나 처벌이 존중하는 마음보다 훨씬 더 중요해지기 때문입니다. 아이를 존중하지 않으면서 단지 상을 주거나 처벌로 협박을 하는 것은 욕심과 두려움을 부추기는 것입니다. 우리 자신이 결과를 위해 행동하도록 자란 탓에, 우리는 이익을 바라는 욕망으로부터 자유로운 행동도 있을 수 있다는 것을 알지 못합니다.

올바른 교육에서는 어떤 유인책이나 협박도 없이 아이들에게 사려 깊고 배려하는 마음을 길러 줄 것입니다. 우리가 더 이상 당장의 결과에 연연하지 않는다면, 교사와 어린이 모두 처벌의 불안이나 보상의 희망뿐 아니라 모든 형태의 강제로부터 자유로워야 한다는 것이 얼마나 중요한지를 보기 시작할 수 있을 것입니다. 그러나 관계 안에 권위가 들어 있는 한 강제는 계속될 것입니다.

권위를 따르는 것은 개인적인 동기와 이익의 관점에서 생각하면 이점이 많습니다. 그러나 개인의 출세와 이익에 바탕을 둔 교육은 오로지 경쟁적이고 서로 적대하는 무자비한 사회를 만들어 낼 따름입니다. 우리는 그런 사회에서 자라 왔고, 우리의 적대감과 혼란은 명백합니다.

우리는 교사나 어떤 책, 당의 권위에 순응하라는 교육을 받아 왔습니다. 그래야 이롭기 때문입니다. 삶의 모든 분야의 전문가들은, 성직자에서 관료까지, 자신의 권위를 휘두르며 우리를 지배합니다. 그러나 행복한 사회에 꼭 필요한 사람들 간의 협력은, 결코 정부나 교사가 강요한다고 이루어지는 것이 아닙니다.

사람들이 서로 올바른 관계를 맺으려면 강요는 물론이고

설득도 하지 말아야 합니다. 권력을 가진 사람과 그 힘에 지배받는 사람 사이에 어떻게 애정과 진정한 협력이 있을 수 있겠습니까? 권위와 그에 따르는 많은 문제들을 냉철하게 검토하고 권력에 대한 욕망 자체의 파괴적 속성을 봄으로써, 우리는 권위의 움직임 전체를 자연히 이해하게 됩니다. 권위를 버리는 순간 우리는 파트너십을 이루게 되고, 오직 그때에만 협력과 애정이 있습니다.

교육에서 실질적인 문제는 교사입니다. 교사가 권위를 자기를 과시하는 방편으로 삼거나 가르침을 자아 확장의 계기로 여긴다면, 학생들은 교사 자신의 가치를 높이는 도구가 되어 버립니다. 권위의 심각한 악영향에 관해서 단지 머리나 말로만 동의하는 것은 어리석고 무익한 일입니다.

권위를 행사하여 다른 사람을 지배하려는 행동 뒤에 숨은 동기를 깊이 통찰해야 합니다. 지혜는 결코 강제로 일깨울 수 없다는 사실을 깨닫게 되면, 그 깨달음 자체가 우리의 두려움을 태워 버릴 것입니다. 그때 우리는 현재의 사회 질서와 완전히 다르고 그 한계를 훌쩍 뛰어넘는 새로운 환경을 조성하기 시작하게 될 것입니다.

갈등과 고통이 따르는 삶의 의미를 이해하려면 조직화된 종교의 권위를 포함한 어떤 권위로부터도 독립하여 자주적으로 생각해야 합니다. 아이를 돕고 싶다는 욕망에서 어떤 권위적인 모델을 아이들 앞에 내놓고 따르라고 하면, 모방과 두려움, 그리고 온갖 형태의 미신만을 부추기게 됩니다.

종교적 성향이 있는 사람들은 자신이 과거에 부모로부터 물려받은 신념과 희망, 두려움을 다시 아이에게 심어 주려고 애씁니다. 종교에 반대하는 사람도 마찬가지로 자신이 우연히 따르게 된 사고방식을 아이가 그대로 받아들이도록 영향을 주는 데 열심입니다. 우리 모두는 우리의 신앙 형태를 아이들이 받아들이기를, 또는 우리가 선택한 이념을 아이가 마음 깊이 새기기를 바랍니다. 우리 자신이나 다른 사람이 만든 이미지나 교리에 휩쓸리기가 너무 쉬운 터라, 언제나 예의 주시할 필요가 있습니다.

우리가 종교라고 부르는 것은 교리, 의식rituals, 신비, 그리고 미신적인 요소를 지닌 조직화된 신념 체계에 지나지 않습니다. 종교마다 성서가 있고, 신과 인간 사이의 중재자와 성직자가 있으며, 사람들을 위협해서 붙잡아 두는 그 나름의 방법이 있습니다. 우리 대부분은 이 모든 것에 길들어 있고, 그것을 종교 교육이라고 생각합니다. 그러나 이런 길들이기가 사람들을 대립하게 해서 같은 신자들끼리, 또 다른 신념을 가진 사람들에 대해서 적대감을 품게 만듭니다. 모든 종교가 신을 숭배한다고 주장하고 서로 사랑해야 한다고 말하면서도, 보상과 처벌이라는 교리로 사람들 마음에 두려움을 주입하고 경쟁적인 교리로 끊임없이 서로 의심하고 적대하게 만듭니다.

교리와 신비, 의식은 영적인 삶으로 우리를 인도하지 못합니다. 진정한 종교 교육이란 자신이 다른 사람들, 사물들, 그리고 자연과 어떤 관계를 맺고 있는지를 아이가 이해하도록 돕는 것입니다. 관계를 떠나 존재하는 것은 없습니다. 자신에 대한 이해 없이는, 한 사람과의 관계든 여러 사람들과의 관계든 그 모든 관계에서 갈등과 슬픔이 생깁니다. 물론 아이에게 이 점을 완벽히 설명해 줄 수는 없습니다. 하지만 교육자와 부모가 관계의 중요성을 깊이 파악하고 있다면, 장황한 설명 없이도 태도와 언행을 통해 영적인 삶의 의미를 아이에게 분명히 전달할 수 있을 것입니다.

이른바 종교적 수련에서는 질문이나 의문을 제기하는 것을 장려하지 않습니다. 하지만 사회와 종교가 인간에 관해서 설정해 놓은 가치의 의미를 캐물을 때에만 우리는 진실이 무엇인지를 알기 시작하게 될 것입니다. 교사가 할 일은 자기 생각과 느낌을 깊이 검토하고 자신에게 안전과 편안함을 주는 가치들을 제쳐 놓는 것입니다. 그럴 때에만 학생들이 자신의 충동적인 욕구와 불안을 자각하고 이해하도록 도울 수 있기 때문입니다.

청소년 시절은 맑고 곧게 자라야 하는 시기입니다. 나이 든 우리는, 바른 이해를 가지고 있다면, 젊은이들이 스스로 떠안은 장해물뿐 아니라 사회가 그들에게 지운 멍에로부터도 자유로워지도록 도울 수 있습니다. 아이의 마음과 가슴이 종교적 선입견과 편견의 틀에 잡혀 있지 않다면, 아이는 자신에 대한 이해를 통해서 자신을 훨씬 초월하는 무언가를 자유롭게 발견할 수 있을 것입니다.

진정한 종교란 믿음과 의식, 희망과 두려움의 집합이 아닙니다. 아이가 이런 방해물들의 영향을 받지 않으면서 자라도록 우리가 허용할 수 있다면, 아마 아이는 성숙하면서 실재 reality와 신의 본질을 탐구하기 시작할 것입니다. 그래서 아이를 교육하는 데 깊은 통찰과 이해가 필요한 것입니다.

신과 불멸을 말하는 종교적 성향의 사람들은 거의가 개인의 자유와 통합을 근본적으로 불신합니다. 그러나 종교란 진리를 탐구할 자유를 권장하는 것입니다. 자유에는 타협이란 있을 수 없습니다. 독립적 개인에게 부분적 자유는 전혀 자유가 아닙니다. 정치적이든 종교적이든, 어떤 식으로든 조건을 다는 것은 자유가 아니며 그런 것은 결코 평화를 가져오지 못할 것입니다.

종교는 굴레 씌우기의 한 형식이 아닙니다. 종교는 실체reality와 신God이 그 안에 깃들이는 고요한 경지입니다. 그런 창조적 상태는 오직 자신에 대한 이해와 자유가 있을 때에만 올 수 있습니다. 자유는 미덕virtue을 가져오고, 미덕 없이는 평정이 없습니다. 고요한 마음은 굴레에 얽매인 마음이 아닙니다. 고요한 마음은 훈육이나 훈련에 의한 것이 아닙니다. 고요함은 오직 마음 본연의 길, 즉 자아가 작동하는 방식을 이해할 때에만 옵니다.

조직화된 종교는 인간의 얼어붙은 사고 체계이고, 그에 입각해 사람들은 사원과 교회를 세웁니다. 그곳은 두려워하는 사람에게는 위안처가, 비탄에 빠진 사람에게는 마취제가 되어 왔습니다. 그러나 신이나 진리는 생각이나 정서적 요구들을 훨씬 넘어서 있는 것입니다. 두려움과 슬픔을 키우는 심리 과정을 아는 부모와 교사는 젊은이들이 자신의 갈등과 시련을 관찰하고 이해하도록 도울 수 있을 것입니다.

어린이들이 편견 없이 명료하고 차분하게 생각하고 적대감을 품지 않고 서로 사랑하며 자라도록 도울 수 있다면, 나이 든 우리가 할 일이 그 이상 더 무엇이 있겠습니까? 그러나 우리가 끝없이 서로 싸운다면, 자신을 깊이 변화시켜서 세상에 질서와 평화를 가져올 수 없다면, 온갖 종교의 성서와 신화가 무슨 가치가 있습니까?

진정한 종교 교육이란 아이가 슬기롭게 깨닫고, 부질없는 것과 참된 것을 스스로 식별하고, 삶에 사심 없이 다가설 수 있도록 돕는 것입니다. 그리고 집이나 학교에서 매일 똑같은 단어나 문장을 반복해서 외우는 것보다는 진지하게 사고를 하거나, 깊이 있고 뜻있는 것을 읽으면서 하루를 시작하는 것이 더 의미 있는 일 아닐까요?

지난 세대들은 야망과 전통, 이상으로 세상에 고통과 파괴를 가져왔습니다. 아마 다가오는 세대는 올바른 교육을 받음으로써 이 혼돈을 끝내고 더 행복한 사회 질서를 세울 수 있을 것입니다. 젊은이들이 탐구 정신을 가지고 정치와 종교, 개인과 환경 등 모든 것에 관한 진실을 끊임없이 찾는다면, 그때 젊음은 고귀하고 중요한 뜻을 지닐 터이고, 더 나은 세상에 대한 희망도 있습니다.

대부분의 어린이들은 호기심이 강하고 알고 싶어 합니다. 그러나 우리의 고위 성직자 같은 독단적 주장과 직장 상사 같은 조급함, 그리고 아이들의 호기심을 늘 건성으로 무시하는 태도들이 아이들의 호기심을 무디게 만들어 버립니다. 아이들에게서 무슨 질문을 받을지 두려워하는 우리는 아이들의 탐구심을 북돋워 주지 않습니다. 우리 자신이 질문하기를 멈춘 탓에, 아이들의 불만을 격려해 주지 못합니다.

불만이 모든 종류의 안전에 동요를 가져오기 때문에, 대부분의 부모와 교사들은 그것을 두려워하면서 안전한 직업, 상속 재산, 결혼, 그리고 종교 교리에서 얻는 위안을 통해 불만을 극복하라고 젊은이들을 부추깁니다. 마음과 가슴을 무디게 만드는 많은 방법을 너무나 잘 아는 기성세대는, 유감스럽게도 자신들이 받아들인 권위, 전통, 믿음을 아이에게 주입해서 아이들을 자기네만큼 둔감하게 만들어 가고 있습니다.

어떤 책에 대해서든 그 내용에 문제를 제기하고 현 사회의 가치 체계, 전통, 정부 형태, 종교적 신념 등의 타당성을 캐묻도록 아이를 격려함으로써만, 교사와 부모는 아이의 비판 정신과 예리한 통찰력을 일깨우고 그것을 유지하게 해 줄 수 있습니다.

조금이라도 살아 있는 젊은이라면 희망과 불만으로 차 있습니다. 그래야 합니다. 그렇지 않다면 이미 늙었거나 죽은 사람입니다. 늙은 사람이란 한때는 불만을 품었지만 그 불꽃을 성공적으로 덮어 꺼 버리고 다양한 방법으로 안전과 안락을 찾은 사람들입니다. 그들은 자신과 가족을 위해 영속적인 것을 갈망하고, 관념이나 관계, 재산에 대해서 확실한 것을 간절히 바랍니다. 그래서 불만을 느끼는 순간, 마음을 흔들어 놓는 그 느낌에서 도피하기 위해서 책임이나 직업 또는 그 밖의 다른 일에 몰두해 버립니다.

젊은 시절은 자신뿐 아니라 주위의 모든 것에 대해서 불만을 느껴야 하는 시기입니다. 정신적으로 의존하거나 두려워하는 마음이 생기지 않도록 편견 없이 명료하게 생각하는 방법을 배워야 합니다. 독립이라는 것은 우리나라라고 부르는,

지도 위에 색칠된 어떤 부분을 위한 것이 아니라, 개인으로서 우리 자신을 위한 것입니다. 비록 밖으로는 우리가 서로 의지하지만, 이런 상호 의존이 무자비하거나 억압적인 것이 되지 않게 하려면 우리 내면이 권력이나 지위 또는 권위에 대한 갈망에서 자유로워야 합니다.

우리 대부분이 두려워하는 불만을 이해해야만 합니다. 불만은 무질서처럼 보이는 것을 가져올지도 모릅니다. 그러나 불만이, 당연히 그래야 하듯, 자기 이해와 자기 극복으로 이어진다면, 그 불만은 새로운 사회 질서를 창조하고 지속적인 평화를 가져올 것입니다. 자기를 버릴 때 헤아릴 수 없는 기쁨이 따릅니다.

불만은 자유에 이르는 수단입니다. 편견 없이 탐구하려면, 흔히 하듯 정치적 집회에 참석해 구호를 외치거나, 영적 스승인 구루guru을 찾아다니거나, 온갖 종류의 광적인 종교 모임에 빠져드는 식으로 감정을 낭비해서는 안 됩니다. 이런 낭비는 머리와 가슴을 둔하게 만들어 통찰력을 앗아 감으로써 주변 환경과 두려움에 자기를 내맡기게 합니다. 삶의 여러 면에 대한 새로운 이해는 불타는 탐구심에서 오는 것이지, 다수를 안이하게 따르는 데에서 오는 것이 아닙니다.

젊은이는 성직자나 정치인, 부자나 가난한 사람들에 의해 특정한 방식으로 생각하도록 아주 쉽게 설득을 당합니다. 옳은 교육은 젊은이들이 이런 영향들을 단단히 경계하게 해서, 앵무새처럼 구호를 반복해서 외치거나, 제가 친 것이든 남이 친 것이든 어떤 탐욕의 교활한 덫에도 걸리지 않도록 도와야 합니다. 젊은이들은 권위자가 그들의 머리와 가슴을 숨 막히게 하도록 허용해서도 안 됩니다. 아무리 훌륭하다 해도 다른 사람을 따르거나 그럴싸한 이념에 집착하는 것은 평화로운 세상을 가져오지 않을 것입니다.

●

학교나 대학을 졸업하고 나면 책을 치워 버리고 배움은 끝났다고 느끼는 사람이 있는가 하면, 한 영역에서 더 깊이 들어가도록 자극을 받아서 계속 책을 읽고 다른 사람들이 한 말에 몰입하다가 지식에 중독되는 사람도 있습니다. 성공하고 지배하기 위한 수단으로 지식이나 기술을 숭배하는 한, 반드시 무자비한 경쟁, 적대감, 그칠 줄 모르는 싸움이 따를 수밖에 없습니다.

성공이 우리의 목표인 한, 두려움을 면할 수가 없습니다. 왜냐하면 성공하고 싶은 갈망은 필연적으로 실패에 대한 두려움을 키우기 때문입니다. 그러니 젊은이가 성공을 숭배하도록 가르쳐서는 안 됩니다. 대다수 사람들은, 테니스 코트에서든 비즈니스 분야에서든 정치계에서든, 어디에서나 여러 형태의 성공을 추구합니다. 모두 일등이 되고 싶어 합니다. 이런 욕망이 우리 내면뿐 아니라 이웃과의 관계에서도 끝없는 갈등을 빚어내고, 경쟁과 시기심과 적대감을 낳고 결국에는 전쟁으로 이끕니다.

기성세대와 마찬가지로 젊은이들 역시 성공과 안전을 추구합니다. 처음에는 불만이 있을지 모르지만, 곧 상당한 지위에 올라서 더 이상 사회에 "아니오"라는 말을 하기를 두려워합니다. 자신의 욕망의 벽으로 스스로를 둘러싸기 시작하고, 사회의 관례에 따르다가 권력의 고삐를 이어받습니다. 질문과 탐구와 이해의 진정한 불꽃인 젊은이의 불만은 점점 사위어 꺼져 버리고, 더 좋은 직업, 부자와의 결혼, 성공적인 이력 같은 더 큰 안전판에 대한 갈망이 그 자리에 대신 들어앉습니다.

나이 든 사람들과 젊은 사람들 사이에 본질적인 차이는 없습니다. 둘 다 자기 욕망과 만족감의 노예입니다. 성숙은 나이의 문제가 아니라 깨달음의 문제입니다. 삶에 부대끼고 갈등에 지치고 여러 모양의 죽음을 앞둔 나이 든 세대보다는 아마도 젊은이 쪽이 열렬한 탐구 정신을 가지기가 더 쉬울 것입니다. 나이 든 세대가 뚜렷한 목적을 가지고 탐구를 할 능력이 없다는 말이 아닙니다. 단지 그러기가 더 힘들다는 말이지요.

많은 어른들이 미성숙하고 오히려 유치합니다. 이것이 이 세상 혼란과 고통의 원인입니다. 널리 퍼진 경제적, 도덕적 위기에 대한 책임은 기성세대에 있습니다. 그런데 불행하게도 우리의 약점 중 하나는 다른 누군가가 우리 대신 행동에 나서서 우리 삶의 경로를 바꿔 주기를 바란다는 것입니다. 우리는 다른 사람들이 반란을 일으켜서 새로운 것을 세우기를 기다리고, 결과가 확실할 때까지 움직이지 않습니다.

우리 대부분은 안전과 성공의 뒤를 쫓습니다. 그런데 안전을 추구하고 성공을 갈망하는 마음은 지혜롭지 못하며, 따라서 온전한 행동을 할 수가 없습니다. 온전한 행동은 오직 자기 안의 인종적, 민족적, 정치적, 종교적 편견을 알아차릴 때에만 가능합니다. 즉, 자아는 항상 갈라서는 식으로 작동한다는 것을 깨달을 때에만 비로소 온전한 행동이 있을 수 있습니다.

삶은 깊은 우물입니다. 어떤 이는 작은 그릇을 가지고 와서 물을 조금만 담아 갈 수도 있고, 또 어떤 이는 큰 항아리를 가져와서 성장하고 기력을 유지하는 데 충분한 물을 길어 갈 수도 있습니다. 젊은 시절은 모든 것을 알아보고 실험해 보는 시기입니다. 학교는 학생들 머리에 사실과 기술에 관한 지식을 욱여넣기만 할 게 아니라, 그들이 각자의 사명과 책임을 발견하도록 도와야 합니다. 학교는 두려움 없이 행복하고 온전하게 자랄 수 있는 토양이 되어야 합니다.

아이를 가르친다는 것은 아이가 자유와 온전함을 이해하도록 돕는 것입니다. 자유로우려면 질서가 있어야 하고, 미덕만이 질서를 가져올 수 있습니다. 온전함은 진정한 간소함이 있을 때에만 생깁니다. 셀 수 없이 많은 복잡한 것들에서 간소한 삶으로 나아가야 합니다. 우리 내면의 삶이 간소해야 하며, 외부의 필요한 것들도 간소화해야 합니다.

지금 교육은 외면의 효율성에 초점을 두고 있어서, 내면의 인간성을 아주 무시해 버리거나 고의적으로 왜곡하고 있습니다. 이런 교육은 학생들의 한 면만을 개발시키고 나머지 면들은 알아서 따라오도록 내버려 두고 있습니다. 아무리 고귀한 이상으로 잘 구축한 사회라 할지라도 우리 안에 혼란, 적대감, 두려움이 있으면 우리가 결국 그 사회를 무너뜨립니다. 올바른 교육이 없을 때, 우리는 서로 파괴하고 모든 개인의 신체적 안전도 보장되지 않습니다. 학생을 올바르게 가르친다는 것은 학생이 자기 삶의 전체 과정을 이해하도록 돕는 것입니다. 왜냐하면 일상의 행동이 마음과 가슴의 통합에서 비롯할 때에만 슬기로울 수 있고 내면의 변혁이 가능하기 때문입니다.

교육은 학생들에게 지식과 기술 훈련을 제공하는 한편, 특히 통합된 인생관을 가질 수 있도록 북돋워 주어야 합니다. 자기 안에 있는 사회적 차별 의식과 편견을 알아차리고 극복하도록 도와야 하고, 권력을 추구하고 지배하려는 욕심을 버리게 해야 합니다. 교육은 학생들이 바르게 자기를 관찰하고 삶을 전체로서 경험하도록 장려해야 합니다. 삶을 전체로서 경험하려면, 그 일부인 '나'나 '나의 것'에 중점을 두기보다는, 마음이 그 자신을 훨씬 뛰어넘어서 실체를 발견하도록 격려해야 합니다.

자유는 매일 자기가 하는 일들 안에서, 다시 말해 다른 사람이나 사물, 개념들, 그리고 자연과 맺는 관계 안에서 자신을 이해할 때에만 옵니다. 교육자가 학생이 온전히 자라도록 도우려면, 삶의 어느 특정한 면만 비이성적으로 무리하게 강조해서는 안 됩니다. 온전함은 존재의 전 과정을 이해할 때 옵니다. 자기 이해self-knowledge가 있을 때 허상을 만들어 내는 힘이 멈추고, 오직 그때에만 실체 또는 신에 대한 이해가 가능해집니다.

인류가 모든 위기에서, 특히 지금의 전 세계적인 위기에서 파멸을 피하려면 각 개인이 반드시 통합된 인격을 갖추어야 합니다. 그래서 교육에 진정으로 관심이 있는 부모나 교사에게 가장 중요한 문제는 '어떻게 온전한 개인을 길러 내는가?'입니다. 그렇게 하려면 교육자 자신이 확실히 통합된 인격을 갖추어야 합니다. 그래서 젊은 세대뿐 아니라 아직 생각이 너무 굳어지지 않고 배우려는 의향이 있는 나이 든 세대에게도 올바른 교육이 가장 중요한 것입니다. 으레 하는 "아이들에게 무엇을 가르칠 것인가?"라는 질문보다 "우리가 교육자로서 어떤 사람인가?"라는 질문이 훨씬 더 중요합니다. 그리고 우리가 아이들을 사랑한다면 아이들이 올바른 교사에게 교육을 받도록 끝까지 관심을 기울일 것입니다.

가르치는 것이 전문가의 직업이 되어서는 안 됩니다. 그렇게 되면, 흔히 그렇듯이, 사랑이 사라져 버립니다. 사랑은 통합의 과정에서 꼭 필요한 요소입니다. 통합을 이루려면 두려움에서 자유로워야 합니다. 두려움이 없으면 다른 사람에게 무자비하거나 다른 사람을 경멸하지 않으면서도 홀로 설 수 있습니다. 이것이 삶에서 가장 핵심적인 요소입니다. 사랑이 있어야만 혼란을 낳는 여러 갈등들을 해결할 수 있습니다. 사랑 없이 지식을 쌓는 것은 더 큰 혼란을 가져오고 자멸로 이끌 따름입니다.

통합된 인간은 체험을 통해서 기술을 습득하게 됩니다. 왜냐하면 창조적 충동은 그에 걸맞은 기술을 만들어 내기 때문입니다. 그리고 그것이 가장 훌륭한 예술입니다. 아이가 그림을 그리고 싶다는 창조적 충동을 느낄 때, 아이는 그립니다. 기술에 대해서는 걱정을 하지 않습니다. 그와 마찬가지로 삶을 체험하는, 그래서 가르치는 사람만이 진정한 교사이고 그들 역시 자기 나름의 기법을 만들어 갈 것입니다.

아주 쉬운 말처럼 들리겠지만, 이것은 참으로 근본적인 혁명입니다. 잘 생각해 보면, 이런 혁명이 사회에 끼칠 엄청난 영향을 알게 됩니다. 지금은 우리 대부분이 판에 박힌 일의 노예가 되어 45세나 50세 즈음에 기진맥진해 버립니다. 사회를 지배하고 그래서 안전한 사람에게 말고는 별 의미가 없는 사회에서 계속 안간힘을 써 보지만, 결국 두려움과 체념, 순종으로 끝이 납니다. 만일 교사가 이런 일을 이해하고 실제로 경험하는 사람이라면, 그 기질이나 능력과 무관하게, 그의 가르침은 판에 박힌 것의 반복이 되지 않을 터이고 학생들에게 도움이 되는 도구가 될 것입니다.

아이를 이해하려면 노는 모습을 잘 관찰하면서 아이의 여러 감정을 유심히 살펴보아야만 합니다. 아이에게 우리의 편견이나 희망과 불안을 투사하거나, 우리가 원하는 틀에 아이를 맞추어 넣으려 해서는 안 됩니다. 우리가 개인적으로 좋아하고 싫어하는 것에 따라 아이를 계속 판단하면 우리와 아이 사이에, 그리고 아이와 세상 사이에 벽과 장애물을 세우는 결과가 됩니다. 불행하게도, 우리는 자신의 허영심과 특이한 성격을 만족시켜 줄 수 있는 방식으로 아이를 형성해 가고 싶어 하고, 아이를 독점하고 지배하는 데에서 다양한 수준의 위안과 만족을 느낍니다.

물론 이런 과정은 관계가 아니라 단지 강제에 불과합니다. 그래서 지배하고 싶어 하는 욕망의 어렵고 복잡한 면을 반드시 이해할 필요가 있습니다. 지배욕은 여러 미묘한 형태를 띱니다. 그리고 스스로 정당하다는 독선적인 면이 있어서 끈질깁니다. 무의식적인 지배욕에서 나온 '봉사'하고 싶은 욕망은 알아차리기가 어렵습니다. 소유욕이 있는 곳에 사랑이 있을 수 있을까요? 우리가 통제하려고 하는 사람과 진정으로 친밀하게 지낼 수 있을까요? 지배한다는 것은 다른 사람을 이용하여 자기만족을 느끼려 하는 것입니다. 다른 사람을 이용하는 곳에는 사랑이 없습니다.

사랑이 있는 곳에는 배려가 있고, 그것은 아이들만을 위한 것이 아니라 모든 사람을 위한 배려입니다. 이런 문제에 깊이 관심을 두지 않는 한 우리는 올바른 교육 방법을 절대로 찾을 수 없을 것입니다. 단순한 기계적 훈련은 인정 없는 사람을 만들어 내기 때문에, 아이들을 교육할 때 우리는 삶의 흐름 전체에 민감해야 합니다. 우리가 무엇을 생각하고, 어떤 행동을 하고, 무슨 말을 하는지는 한없이 중요합니다. 왜냐하면, 그것이 아이들이 자라는 환경을 만들기 때문입니다. 환경은 아이를 도와주기도 하고 방해하기도 합니다.

그렇다면 분명한 것은, 이 문제에 깊이 관심이 있는 우리가 우선 자신을 이해하기 시작해야 할 것이고, 그럼으로써 사회를 바꾸는 데 도움이 되어야 하리라는 점입니다. 그리고 우리는 교육에 대한 새로운 접근법을 도입하는 데 직접 책임을 질 것입니다. 만일 우리가 아이들을 사랑한다면, 전쟁을 끝내는 방법을 찾아내지 않을까요? 우리가 '사랑'이라는 말을 실질적인 내용 없이 그저 쓰고 있다면, 인간 고통의 복잡한 문제는 그대로 남아 있게 될 것입니다. 이 문제에서 빠져나갈 돌파구는 우리 자신에게 있습니다. 우리는 동료 인간들과 자연, 개념들, 그리고 사물들과 맺고 있는 관계를 이해하기 시작해야만 합니다. 그런 이해 없이는 희망도 없고 갈등과 고통에서 빠져나갈 방법도 없습니다.

어린이를 기를 때에는 지혜로운 관찰과 돌봄이 필요합니다. 전문가와 그들의 지식이 절대로 부모의 사랑을 대신할 수 없습니다. 그러나 대부분의 부모가 자기 두려움과 야망으로 아이의 인생관을 제약하고 왜곡함으로써 그 사랑을 오염시킵니다. 사랑에 대한 관심은 별로 없으면서, 우리는 사랑의 겉치레에는 대단히 몰두합니다.

지금의 교육과 사회 구조는 개인이 자유와 통합에 이르는 데 도움이 되지 못하고 있습니다. 따라서 만약 부모들이 진정으로 아이가 통합된 능력을 한껏 펼치며 온전하게 자랄 수 있기를 바란다면, 아이들이 가정에서 받는 영향을 바꾸기 시작하고, 올바른 교사들이 있는 학교를 만드는 일에 착수해야 합니다.

가정과 학교의 영향이 어떤 면에서든 상반되어서는 안 되므로 부모와 교사 둘 다 자신을 재교육해야 합니다. 개인의 사적인 생활과 사회 구성원으로서의 공적인 생활 사이에 흔히 있는 모순은 그 사람 자신의 내면뿐 아니라 그가 맺고 있는 여러 관계들에서도 끝없는 갈등을 불러일으킵니다.

잘못된 교육은 이런 갈등을 조장하고 지속시킵니다. 그리고 정부와 조직화된 종교는 그들의 모순된 신조로 혼란을 더하고 있습니다. 그래서 아이는 출발점부터 내면에서 분열되어 있고, 그것이 개인적·사회적 재난을 낳고 있습니다.

우리 가운데 아이를 사랑하고 이 문제의 긴급성을 이해하는 사람들이 마음과 가슴을 다해 문제 해결에 나선다면, 비록 소수일지라도 우리는 올바른 교육과 지혜로운 가정환경을 통해서 온전히 통합된 인간을 길러 내는 데 도움이 될 수 있습니다. 그러나 만일 우리가 다른 많은 사람들처럼 우리 가슴을 교활한 것들로 채운다면, 우리는 계속해서 아이들이 전쟁이나 기아로 죽고 심리적인 갈등으로 무너지는 것을 보게 될 것입니다.

바른 교육은 우리 자신을 탈바꿈함으로써 옵니다. 그래서 아무리 정당한 대의명분이라 하더라도, 또 아무리 미래 세상의 행복을 그럴듯하게 약속하는 이념이라 하더라도 그것들을 위해 우리가 서로 죽이는 일이 없도록 우리 자신을 재교육해야만 합니다. 우리는 자비로움을 배워야 하고, 적은 것에 만족하고, 지극히 높은 것을 찾아야 합니다. 왜냐하면 오직 그럴 때에만 인류의 진정한 구원이 있을 수 있기 때문입니다.

3

지능, 권위 그리고 지혜

Intellect, Authority and Intelligence

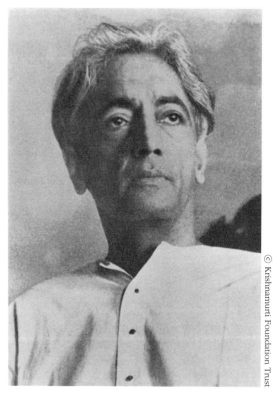

●

모든 사람에게 읽고 쓰기를 가르치면 인류의 문제가 해결되리라고 생각하는 사람들이 많은 것 같습니다. 그러나 이런 생각은 그릇된 것으로 드러났습니다. 이른바 교육을 받았다는 사람들이 평화를 사랑하지 않으며 인격적으로 완성된 것도 아닙니다. 그들 역시 세상의 혼란과 고통에 책임이 있습니다.

올바른 교육은 지혜를 일깨우고 통합된 삶을 살도록 도와주는 것을 의미합니다. 그런 교육을 통해서만 새로운 문화와 평화로운 세상을 창조할 수 있습니다. 하지만 이런 새로운 교육을 하기 위해서는 완전히 다른 바탕 위에서 새롭게 출발해야 합니다.

주위에서 세상이 무너지고 있는데, 우리는 이론을 따지고 무익한 정치적 질문들을 던지면서 겉치레 개혁 놀음에 빠져 있습니다. 이것은 우리가 얼마나 생각이 없는지를 보여 주는 것이 아닐까요? 그렇다고 동의하는 사람들도 있겠지요. 그러나 그들 역시 지금껏 해 오던 것과 똑같은 일을 앞으로도 계속할 것입니다. 그것이 존재의 슬픔입니다. 우리가 진실을 듣고도 그에 따라 행동하지 않는다면 그 진실이 우리 내면에서 독으로 변하고, 그 독은 퍼지면서 심리적 장애, 불균형을 가져오고 건강을 해칩니다. 개인 안에서 창조적인 지혜가 깨어날 때에만 평화롭고 행복한 삶이 가능합니다.

단순히 한 정부를 다른 정부로 대체하고, 한 정당이나 계급을 다른 것으로 교체하거나 한 착취자를 다른 착취자로 바꾼다고 우리가 지혜로워지는 것은 아닙니다. 유혈 혁명은 결코 우리의 문제를 해결할 수 없습니다. 우리의 모든 가치관을 바꾸는 심오한 내적 혁명만이 새로운 환경을 만들고 지혜로운 사회 구조를 창조할 수 있는데, 그 혁명을 이룰 수 있는 사람은 오직 여러분과 저뿐입니다. 우리 각자가 자신의 심리적 장벽들을 극복하고 자유로워지지 않는 한, 새로운 질서는 생겨나지 않습니다.

화려한 이상향이나 완전히 새로운 세계의 청사진을 종이 위에 그려 볼 수는 있지만, 알 수 없는 미래를 위해 현재를 희생하는 것으로는 분명히 우리의 어떤 문제도 풀 수 없을 것입니다. 현재와 미래 사이에는 너무나 많은 요소가 끼어들기 때문에, 미래가 어떠할지 알 수 있는 사람은 아무도 없습니다. 진정으로 문제 해결을 바란다면, 우리가 할 수 있고 또 해야만 하는 일은 우리 문제를 미래로 떠넘기지 않고 지금 그것과 과감히 씨름하는 것입니다. 영원은 미래에 있는 것이 아니라 지금 여기에 있습니다. 우리 문제들은 현재에 있고, 오직 현재에서만 해결할 수 있습니다.

진지한 사람은 반드시 새롭게 태어나야 합니다. 나를 보호하고 남을 공격하려는 욕망에서 비롯한 가치관과 결별할 때에만 우리는 새 사람이 될 수 있습니다. 자기를 이해하는 것이 자유의 시작이고, 자신을 알 때에만 우리는 질서와 평화를 가져올 수 있습니다.

여기서 어떤 사람은 이렇게 물을지도 모릅니다. "한 개인이 무언가 역사에 영향을 줄 만한 일을 할 수 있을까요? 한 사람이 사는 방식을 바꾼다고 무언가 이룰 수 있을까요?" 물론 할 수 있습니다. 확실히, 여러분과 저는 곧 일어날 전쟁을 막을 수도, 나라들 사이에 즉각적인 상호 이해를 가져올 수도 없을 것입니다. 그러나 적어도 우리의 일상적인 관계의 영역에서만큼은 근본적 변화를 이룰 수 있고, 그러한 변화는 그 나름의 결과를 가져올 것입니다.

한 사람의 깨달음은 확실히 많은 사람에게 영향을 미칩니다. 단, 결과에 연연하지 않을 때에만 그렇습니다. 이득과 결과로 따지는 사람에게는 진정한 자기 변혁은 불가능합니다.

인간의 문제는 단순하지가 않고 매우 복잡합니다. 그 문제들을 이해하려면 인내와 통찰이 필요하고, 무엇보다도 우리 각 개인이 그것들을 이해하고 스스로 해결하는 것이 가장 중요합니다. 인간의 문제는 쉬운 공식이나 구호를 통해서 이해할 수 있는 것이 아니고, 특정한 노선에 따라 일하는 전문가들에 의해 수준별로 해결할 수 있는 것도 아닙니다. 그런 방식은 우리를 더 큰 혼란과 고통으로 이끌어 갈 뿐입니다. 우리가 우리 자신을 전체적인 과정으로 인식할 때에만, 다시 말해 우리의 심리 구조 전체를 파악할 때에만 우리의 여러 문제들은 이해되고 해결될 수 있습니다. 어떤 종교나 정치 지도자도 그런 이해의 열쇠를 우리에게 줄 수 없습니다.

●

우리 자신을 이해하려면 우리의 관계들을 이해해야 합니다. 다른 사람들과의 관계뿐 아니라 재산, 개념들, 그리고 자연과 맺는 관계들까지 두루 이해해야 합니다. 모든 사회의 기본이 되는 인간관계에서 진정한 혁명을 이루려면, 우리의 가치관과 세계관이 근본적으로 바뀌어야 합니다. 하지만 우리는 무엇보다 필요하고 근본적인 자기 변혁은 회피한 채, 언제나 유혈과 재앙을 초래하는 정치 혁명을 밖의 세상에서 이루려 애쓰고 있습니다.

감각에 기초한 관계는 결코 자아로부터 놓여나는 수단이될 수 없습니다. 그런데도 우리가 맺는 대부분의 관계는 감각에 바탕을 두고 있습니다. 그것들은 자기의 이익이나 안락, 또는 심리적 안전을 꾀하는 욕망의 산물입니다. 감각적 관계들은, 일시적으로는 자아로부터 도피하게 해 줄지 몰라도, 결국에는 울타리 치고 구속하는 활동으로 자아를 강화할 따름입니다. 관계는 자아와 그것의 모든 활동을 비추는 거울입니다. 오직 관계의 되비침 안에서 자아의 작동 방식을 이해할 때에만 자아로부터 창조적 해방이 가능합니다.

세상을 바꾸려면 우리 내면이 되살아나야만 합니다. 폭력이나 거리낌 없이 서로 죽이는 것으로는 아무것도 성취할 수 없습니다. 어떤 단체에 가입하거나 사회·경제적 개혁 방법을 연구하거나 법률을 제정하거나 기도를 함으로써 일시적 해방감을 맛볼 수도 있겠지만, 무엇을 하든 사랑이 깃든 자기 이해가 없다면 우리의 문제는 더욱 커지고 늘어날 것입니다. 그 반면에, 우리가 자신을 이해하는 일에 마음과 가슴을 온전히 바친다면, 틀림없이 우리의 많은 갈등과 슬픔을 풀어 나가게 될 것입니다.

현대 교육은 우리를 생각하지 않는 존재로 만들고 있고, 우리 각자의 소명을 찾아가는 데 거의 아무런 도움도 주지 못하고 있습니다. 어떤 정해진 시험을 치르고, 운이 좋으면 직업을 얻게 됩니다. 대개 그 의미는 판에 박힌 일을 끝없이 하면서 우리의 여생을 보내게 된다는 것입니다. 직업이 마음에 안 들어도 생계를 위한 다른 방도가 없기 때문에 우리는 억지로 그 일을 계속합니다. 전혀 다른 무언가를 하고 싶어도 의무와 책임에 발목이 잡혀, 자신의 불안과 두려움이 친 울타리 안에 갇히게 됩니다. 좌절한 우리는 섹스, 술, 정치 또는 공상적인 종교를 통해 도피처를 찾습니다.

우리의 야망이 좌절되었을 때, 그것을 정상으로 받아들이는 대신 지나친 중요성을 부여하면서 우리의 심리는 비뚤어집니다. 우리의 삶과 사랑을, 그리고 정치·종교·사회적 욕망과 그것들이 요구하고 가로막는 것들을 포괄적으로 이해할 때까지, 우리 관계 안의 문제는 계속 늘어나 우리를 고통과 파괴로 이끌 것입니다.

무지는 자아의 작동 방식에 관한 지식이 없는 것입니다. 이무지는 피상적인 활동과 교정으로 사라지게 할 수 있는 것이 아닙니다. 모든 관계에서 자아의 움직임과 반응들을 끊임없이 알아차릴 때에만 무지는 걷힐 수 있습니다.

단지 환경의 제약을 받을 뿐 아니라 우리가 바로 환경임을, 다시 말해 우리가 환경에서 분리된 어떤 것이 아님을 우리는 분명히 깨달아야 합니다. 우리의 생각과 반응은 사회가 우리에게 강요하는 가치관의 제약을 받고, 우리는 그 사회의 한 구성원입니다.

우리는 우리가 환경의 총합이라는 것을 보지 못합니다. 그것은 우리 안에 있는 여러 존재가 모두 '나'라는 자아를 축으로 맴돌고 있기 때문입니다. 자아는 이 존재들로 구성되어 있는데, 그것들은 욕망의 여러 가지 형태에 불과합니다. 이런 욕망들의 덩어리에서 주인공, 생각하는 주체, 즉 '나'와 '내 것'이라는 의지가 생겨납니다. 그리고 자아와 자아가 아닌 것, 그리고 '나'와 환경 또는 '나'와 사회 사이를 나누는 경계선이 자리 잡게 됩니다. 이러한 분열이 내적 그리고 외적인 갈등의 시작입니다.

이 과정 전체, 다시 말해 의식에 떠오른 것과 무의식에 숨겨진 것을 아울러 인식하는 것이 명상입니다. 이런 명상을 통해서 자아의 욕망과 갈등을 초월할 수 있습니다. 자아에 도피처를 제공하는 가치관과 여러 영향들에서 자유로워지려면 자신을 알아야 합니다. 그리고 창조, 진리, 신, 또는 당신이 바라는 것은 오직 그 자유 안에서만 찾을 수 있습니다.

●

아주 어릴 때부터 우리의 생각과 느낌은 다른 사람의 의견과 전통에 의해서 형성됩니다. 가족의 영향과 압력은 아이들에게 강렬하고 오래가는 자국을 남기고, 그것이 인간의 의식적 무의식적 삶의 행로 전체를 결정합니다. 교육과 사회의 영향을 통해서 아동기부터 순응이 시작되는 것입니다.

모방 욕구는 표층과 심층의 모든 차원에서 우리 삶의 아주 강력한 요소입니다. 우리에게는 독립적인 생각과 느낌이 거의 없습니다. 생각과 느낌은 단지 반사작용으로 일어날 뿐이고, 따라서 이미 확립된 틀에서 자유롭지 못합니다. 반사작용에는 자유가 없기 때문입니다.

철학과 종교는 어떤 방법들을 내놓고 그대로 따르면 진리나 신에 대한 깨달음에 도달할 수 있다고 합니다. 아무리 일상 사회생활에 도움이 되는 것처럼 보이더라도, 그저 한 방법을 따르기만 해서는 계속 생각 없고 분열된 채로 있게 됩니다. 안전을 바라는 욕구에서 비롯한 순응하려는 충동은 두려움을 키우고 정치계나 종교계의 권위자, 지도자와 영웅들을 전면에 부상시킵니다. 그들은 우리에게 복종을 부추기고 교묘하게, 때로는 거칠게 우리를 지배합니다. 그러나 이때 순종을 거부하는 것도 권위에 대한 단순한 반작용일 뿐이라서, 우리가 통합된 인간이 되는 데 도움이 되지 않습니다. 반작용은 끝이 없으며, 오직 더 많은 반작용을 낳을 뿐입니다.

순응은 장애물이고 그 밑에는 두려움이 흐르고 있습니다. 머리로만 이 사실을 인정해서는 그 장애물은 없어지지 않습니다. 우리의 온 존재로 그것을 알아차릴 때에만 장애물로부터 자유로울 수 있고, 더 크고 더 강력한 장애물을 불러들이지 않을 수 있게 됩니다.

우리가 내면에서 의존적일 때 전통이 우리를 옥죄게 됩니다. 그리고 전통에 따라 생각하는 마음은 새로운 것을 발견할 수 없습니다. 순응하면서 살 때 우리는 평범한 흉내꾼이 되고, 사회라는 무자비한 기계 속의 한 톱니바퀴가 됩니다. 중요한 것은 우리 스스로 생각하는 것이지, 다른 사람들이 우리에게 바라는 대로 생각하는 것이 아닙니다. 전통에 따를 때, 우리는 머지않아 '이렇게 되어야 한다'의 복사판에 불과한 존재가 되고 맙니다.

우리가 '이렇게 되어야 한다'를 흉내 내며 살 때 두려움이 생기고, 두려움은 창조적 사고를 죽여 버립니다. 두려움이 마음과 가슴을 둔하게 만들어서 우리는 삶의 전체적인 의미에 민감하지 못하게 됩니다. 우리 자신의 슬픔에, 새들의 몸짓에, 다른 사람들의 웃음과 고통에 무감각해집니다.

의식적 무의식적 두려움에는 여러 가지 원인이 있는데, 그 모두를 제거하려면 빈틈없는 주의가 필요합니다. 두려움은 수련이나 승화, 의지에서 나온 행동을 통해서 없앨 수 있는 것이 아닙니다. 그 원인을 찾아내서 그것을 이해할 때에만 몰아낼 수 있습니다. 이 일에는 인내와, 어떤 판단도 들어 있지 않은 알아차림이 필요합니다.

의식할 수 있는 두려움은 이해하고 없애기가 비교적 쉽습니다. 그러나 무의식적 두려움은 우리 대부분이 발견도 못 합니다. 그것이 표면에 떠오르는 것을 우리가 허용하지 않기 때문입니다. 드물게 그것이 수면으로 떠오를 때, 우리는 서둘러 그것을 덮어 버리고 회피합니다. 감추어진 두려움들은 종종 꿈이나 다른 암시적인 형태를 통해 자기 존재를 알립니다. 그것들은 표면에 드러난 두려움보다 더 큰 해를 끼치고 더 큰 갈등을 불러일으킵니다.

우리의 삶은 겉으로 드러난 것만이 아닙니다. 삶의 더 큰 부분이 느슨한 관찰로는 볼 수 없게 감추어져 있습니다. 보이지 않는 두려움을 밖으로 드러내 해소하려면, 의식적인 마음이 끝없이 무언가를 하고 있어서는 안 되고, 어느 정도 고요해야만 합니다. 다음으로, 두려움이 표면으로 떠오를 때 그것을 막거나 방해하지 않으면서 관찰해야 합니다. 왜냐하면 어떤 형태의 비난이나 정당화도 오히려 두려움을 더 강화할 따름이기 때문입니다. 모든 두려움에서 자유로우려면 우리 삶을 어둡게 하는 두려움의 영향을 알아차려야 하는데, 오직 끊임없이 예의 주시할 때에만 두려움의 많은 원인들이 그 모습을 드러낼 수 있습니다.

두려움의 결과 중 하나는, 인간사에 권위를 끌어들이는 것입니다. 권위를 낳는 것은 바르게 살고 싶고 안전하고 안락하게 아무런 갈등이나 번뇌도 느끼지 않으면서 살고 싶은 우리의 욕구입니다. 두려움에서 나온 것은 어떤 것도 우리 문제를 이해하는 데 도움이 될 수 없습니다. 두려움이 현명하다고 알려진 사람에게 경의를 표하고 그 지시에 따르는 형태로 나타난다 하더라도 그렇습니다. 지혜로운 사람은 권위를 휘두르지 않으며, 권력을 가진 사람들은 지혜롭지 못합니다. 어떤 형태의 것이든 두려움은 우리 자신에 대한 이해를 가로막고, 우리가 모든 것과 맺고 있는 관계를 이해하는 데 방해가 됩니다.

권위를 따르는 것은 지성을 부정하는 것입니다. 권위를 받아들인다는 것은 지배에 복종하는 것입니다. 한 개인이나 단체, 또는 종교적이거나 정치적인 이념에 복종하는 것은 지성은 물론이고 개인의 자유도 부정하는 것입니다. 어떤 신조나 사고 체계를 따르는 것은 자기 보호 반응입니다. 권위를 따르는 것으로 우리의 어려움과 문제를 잠시 덮어 둘 수는 있겠지만, 문제를 회피하면 문제가 더 심각해질 뿐이고, 그 과정에서 자기 이해와 자유는 포기됩니다.

자유와 권위를 수용하는 것 사이에 어떻게 타협이 있을 수 있겠습니까. 만일 타협이 있다면, 그것은 자기 이해와 자유를 추구한다는 사람들조차 진지하게 노력하지 않고 있다는 것을 뜻합니다. 우리는 자유가 궁극의 목적이라 여기면서도, 자유로워지려면 우선 다양한 형태의 억압이나 위협에 복종해야 한다고 생각하는 것처럼 보입니다. 복종을 통하여 자유를 성취하기를 바라는데, 결과만큼이나 수단도 중요하지 않을까요? 수단이 결과를 결정하는 것이 아닐까요?

평화를 얻으려면 평화스러운 수단을 사용해야 합니다. 수단이 폭력적이라면 어떻게 결과가 평화로울 수 있겠습니까. 목적이 자유라면 시작이 반드시 자유로워야 합니다. 끝과 시작은 하나이기 때문입니다. 바로 처음부터 자유가 있을 때에만 자기 이해와 지혜가 있습니다. 권위를 받아들일 때 자유는 부정당합니다.

우리는 지식, 성공, 권력 등 여러 형태의 권위를 숭배합니다. 우리는 어린 사람에게는 권위를 휘두르고, 더 높은 권위는 두려워합니다. 내적인 통찰력이 없을 때에는 외적인 권력과 지위가 큰 중요성을 띠게 되고, 그러면 개인은 점점 더 권위와 강제에 종속되어서 결국 다른 사람의 도구가 됩니다. 우리 주변에서 이런 현상이 일어나는 것을 볼 수 있습니다. 민주주의 국가들도 위기를 맞으면 자신의 민주주의 정신을 잃고 전체주의 국가처럼 사람들을 복종하도록 강요합니다.

지배를 하거나 지배당하고 싶은 욕망 뒤에 있는 강박적 충동을 이해할 수 있다면, 우리를 무력하게 하는 권위의 영향에서 아마 자유로울 수 있을 것입니다. 우리는 확실한 것을 원하고, 옳고, 성공하고, 알기를 간절히 바랍니다. 이렇게 확실하고 영구불변하는 것을 원하는 욕구가 안으로는 개인적인 체험을 권위로 추어올리고, 밖으로는 사회·가족·종교 등의 권위를 만들어 냅니다. 하지만 단순히 권위를 무시하고 겉으로 보이는 상징들만을 버리는 것도 거의 의미가 없습니다.

한 전통과 결별하고 다른 전통을 따르거나, 이 지도자를 떠나서 저 지도자를 따르는 것은 피상적인 제스처일 뿐입니다. 권위의 작동 과정 전체를 이해하고 그 내면 작용을 알아내고 확실성에 대한 욕구를 이해하고 그것을 초월하려면 우리에게 반드시 폭넓은 인식과 통찰이 있어야 하며, 우리는 마지막에 가서가 아니라 처음부터 자유로워야만 합니다.

●

자아의 주요한 활동 가운데 하나는 확실성과 안전을 추구하는 것입니다. 이 강력한 충동을 단순히 꺾거나 억지로 다른 방향으로 돌리거나 바람직해 보이는 틀에 끼워 맞추지 않으면서 끊임없이 지켜보아야 합니다. 자아, '나' 그리고 '내 것'이라는 의식은 우리 대부분 안에 아주 강력하게 자리 잡고 있습니다. 그것은 자고 있을 때나 깨어 있을 때나 항상 경계하며 그 자신을 더 강하게 만듭니다. 그 자아를 알아차리고, 자아의 모든 활동은 아무리 미묘하더라도 반드시 갈등과 고통으로 이어진다는 것을 깨달을 때, 확실성과 자기 지속에 대한 갈망은 끝이 납니다. 자아를 항상 잘 지켜보아야만 자아의 작동 방식과 속임수가 드러납니다. 우리가 그것들을 이해하기 시작할 때, 그리고 권위의 속성과 그것을 따르거나 거부하는 일에 얽힌 모든 것을 이해하기 시작할 때, 우리는 이미 권위에서 풀려나고 있는 것입니다.

안전에 대한 욕구가 마음을 지배하고 통제하는 것을 마음이 스스로 허용하는 한, 우리는 결코 자아와 그것이 일으키는 문제들로부터 풀려날 수 없습니다. 우리가 종교라고 부르는 독단적 교리와 조직화된 신앙을 통해서는 자아로부터 해방될 수 없는 것도 바로 그 때문입니다. 교조와 신앙은 우리 자신의 마음이 투사된 것일 뿐입니다. 종교 의식, 푸자puja[1]와 널리 인정된 명상법, 특정한 단어나 문구를 끝없이 외는 것이 어느 정도 만족감을 줄지 모르지만, 그것들을 통해서는 자아

1 신을 숭배하는, 힌두교의 종교 의식

와 그 활동으로부터 마음이 해방될 수 없습니다. 왜냐하면 자아는 본질적으로 감각의 산물이기 때문입니다.

우리는 슬플 때 우리가 신이라고 부르는 것에 의지하지만, 그것은 우리 자신의 마음이 만들어 낸 이미지에 불과합니다. 아니면, 마음에 드는 설명을 찾아 그로부터 일시적 위안을 얻기도 합니다. 우리가 따르는 여러 종교는 우리의 희망과 불안, 내적인 안전과 안심을 바라는 우리의 욕구가 만들어 낸 것입니다. 그리고 우리는 구세주나 위대한 스승 또는 성직자 등 그 누구의 것이든 그 권위를 숭배하면서 복종하고 순응하고 모방합니다. 그렇게 우리는, 정당과 이념의 이름으로 착취당하는 것과 마찬가지로, 신의 이름으로도 착취당합니다. 그리고 우리의 고통은 계속됩니다.

우리 자신을 무슨 이름으로 부르든, 우리는 모두 같은 인간이고 고통은 우리의 몫입니다. 슬픔은 우리 모두에게 공통된 것이며, 유심론자나 유물론자에게도 있습니다. 유심론은 현실로부터 도피하는 것이고, 유물론은 측정할 길 없는 현재의 심오함을 다른 방식으로 부정하는 것입니다. 유심론자와 유물론자 각자 그들 나름대로 고통의 복잡한 문제를 회피하는 방법을 가지고 있습니다. 양쪽 다 자신들의 갈망과 야망 그리고 갈등에 사로잡혀 있어서, 그들의 삶의 방식은 평온함에 도움이 되지 않습니다. 양쪽 다 세상의 혼란과 고통에 책임이 있습니다.

우리가 갈등과 고통을 당할 때에는 깊이 이해할 수가 없습니다. 그런 상태에서 나온 행동은, 아무리 영리하고 주의 깊게 생각한 것이라도, 더 깊은 혼란과 슬픔을 가져올 뿐입니다. 갈등을 이해하고 그로부터 자유롭기 위해서는, 의식적이거나 무의식적으로 마음이 어떻게 움직이는지 알아야만 합니다.

어떤 이상론이나 제도, 사고 체계도 우리 마음의 깊은 작용을 풀어 이해하는 데 도움이 되지 못합니다. 도리어 어떤 공식이나 결론도 그것을 발견하는 데 방해가 될 것입니다. 당위를 추구하고 원칙이나 이상, 설정된 목표에 집착하는 것, 이 모든 것은 많은 환상으로 끌어갑니다. 우리가 우리 자신을 알려면, 반드시 자발성과 관찰할 수 있는 자유가 있어야 합니다. 그러나 마음이 유심론이나 유물론의 피상적인 가치에 갇혀 있는 한 그것은 불가능합니다.

●

존재는 곧 관계입니다. 우리가 조직된 종교에 속하든 아니든,

세속적이든 이상에 사로잡혀 있든 아니든 상관없이, 우리의 고통은 오직 관계 안에서 우리 자신을 이해할 때에만 해결할 수 있습니다. 자기 이해만이 평온함과 행복을 인간에게 가져다줄 수 있습니다. 자신을 이해하는 것이 지성과 온전함의 시작이기 때문입니다. 지성은 단순한 피상적인 변화가 아닙니다. 그것은 마음의 수련도, 지식을 쌓는 일도 아닙니다. 지성은 삶의 여러 면을 이해하고 올바른 가치를 인식하는 능력입니다.

현대 교육은 지능을 계발하는 과정에서 점점 더 많은 이론과 지식은 제공하지만, 인간 존재의 전체적 과정에 대한 이해는 가져오지 못하고 있습니다. 우리는 고도의 지적 능력을 가지고 있습니다. 그 능력으로 우리는 교활한 마음을 키워 왔고, 모든 것을 설명하는 데 몰두하고 있습니다. 지식인은 이론과 설명에 만족하지만, 지성인은 그렇지 않습니다. 우리 삶의 전체적인 과정을 이해하려면 행동할 때 마음과 가슴이 통합되어 있어야 합니다. 지성은 사랑과 분리되어 있는 것이 아닙니다.

우리 대부분은 이와 같은 내면의 혁명을 이루기가 지극히 어렵습니다. 우리는 명상하는 방법, 피아노 연주 기법, 글 쓰는 방법은 알고 있지만, 명상하는 사람이나 연주하는 사람 또는 쓰는 사람에 대해서는 모릅니다. 우리는 창조하는 사람이 아닙니다. 우리의 가슴과 마음이 지식과 정보, 오만함으로 채워져 있고, 다른 사람들의 생각과 말에서 따온 것들로 가득하기 때문입니다. 하지만 최우선은 경험이지, 경험하는 방법이 아닙니다. 사랑을 표현할 수 있기 전에 사랑을 해야 합니다.

그렇다면, 능력을 기르거나 지식을 쌓아서 단순히 지능을 계발한 결과로 지성이 생기지는 않는다는 것은 분명합니다. 지능과 지성은 서로 다릅니다. 지능은 느낌과 관계없이 독립적으로 사고하는 기능입니다. 반면에 지성은 이성적 판단도 하고 느낄 수도 있는 능력입니다. 우리가 지능이나 감정 하나만으로 삶에 접근하는 대신에 지성으로 삶에 다가가지 않는 한 이 세상 어떤 정치나 교육 제도도 혼돈과 파괴에서 우리를 구해 줄 수 없습니다.

지식은 지성과 비교할 수가 없습니다. 지식은 지혜가 아닙니다. 지혜는 팔 수 있는 것이 아닙니다. 학습과 훈육을 대가로 살 수 있는 상품이 아닙니다. 지혜는 책에서 찾을 수 있는 것도 아닙니다. 쌓거나 기억하거나 저장해 둘 수 있는 것이 아니니까요. 지혜는 자아를 극복할 때 생깁니다. 열린 마음을 가지는 것이 배움보다 더 중요합니다. 마음을 정보로 빈틈없이 채우는 것으로는 열린 마음을 가질 수 없습니다. 우리가 자신의 생각과 느낌을 알아차리고, 우리 자신과 주변의 영향을 주의 깊게 관찰하고, 남의 말을 경청하고, 부자와 가난한 사람, 권력 있는 사람과 낮은 사람을 있는 그대로 잘 지켜볼 때, 우리는 열린 마음을 가질 수 있습니다. 지혜는 두려움과 억압을 통해서 오는 것이 아니라, 일상의 인간관계에서 일어나는 일들을 관찰하고 이해할 때 생깁니다.

지식을 추구하고 더 가지려고 욕심을 부리는 탓에 우리는 사랑을 잃어 가고 있습니다. 아름다움에 대한 감성은 무디어지고, 잔인함에 대해서도 둔감해지고 있습니다. 우리는 점점 더 전문화되어 가면서 점점 덜 통합되고 있습니다. 지식은 지혜를 대체할 수 없고, 아무리 많은 설명과 정보를 축적한다 해도 인간을 고통에서 해방시킬 수 없습니다. 지식은 필요하고, 과학도 제 역할이 있습니다. 그러나 마음과 가슴이 지식으로 숨이 막히고 고통의 원인을 설명만으로 끝내 버린다면, 삶은 공허하고 의미 없게 될 것입니다. 이것이 우리 대부분에게 실제로 일어나고 있는 일이 아닐까요? 현재의 교육은 우리를 점점 더 얕은 인간으로 만들고 있습니다. 교육이 우리 존재의 더 깊은 층들을 발견하는 것을 돕지 못하고, 우리의 삶은 점점 더 조화를 잃고 공허해지고 있습니다.

사실에 관한 지식인 정보가 계속 늘어나고 있기는 하지만 정보는 그 자체의 성질상 한계가 있습니다. 지혜는 무한합니다. 지혜는 지식과 행동을 포함합니다. 그런데 우리는 나뭇가지 하나를 붙잡고 그것이 나무 전체라고 생각합니다. 하지만 부분적인 지식을 통해서는 전체가 주는 기쁨을 실감할 수 없습니다. 지능은 단지 한 조각, 한 부분일 뿐이라서 결코 전체에 이를 수가 없습니다.

●

우리는 지능을 느낌에서 분리시켰고, 느낌을 희생해 가면서 지능을 계발해 왔습니다. 우리는 마치 한쪽 다리가 다른 두 다리보다 훨씬 긴 세 발 달린 물건처럼 균형을 잃었습니다. 우리는 지식인이 되도록 훈련받아 왔습니다. 우리 교육은 지능을 날카롭고 약삭빠르고 탐욕스럽게 만들고, 그 결과 지능이 우리 삶에서 가장 중요한 역할을 하고 있습니다. 지성은 이성과 사랑의 융합이기 때문에 지능보다 훨씬 큰 것입니다. 하지만 지성은 자신에 대한 지식이 있을 때에만, 즉 자신의 심리 과정 전체를 깊이 이해할 때에만 있을 수 있습니다.

젊든 나이 들었든, 인간에게 꼭 필요한 것은 통합된 삶을 사는 것입니다. 그러므로 통합을 가져오는 지성을 기르는 것이야말로 우리의 중대한 과제입니다. 우리 본성의 어느 한 부분을 지나치게 강조하면 삶에 대해 부분적인, 따라서 왜곡된 견해를 가지게 되고, 우리 어려움은 거의가 이런 왜곡된 견해 때문에 생깁니다. 우리 기질 중에서 어느 한 부분만 개발하면 필연적으로 우리 자신과 사회 양쪽에 비참한 결과를 가져옵니다. 그래서 통합된 관점에서 우리 인간 문제에 접근하는 것이 대단히 중요한 것입니다.

통합된 인간이 된다는 것은 숨겨진 것과 드러난 것을 통틀어 자기 의식의 모든 과정을 이해하는 것입니다. 그런데 지능을 지나치게 강조하게 되면 이것이 불가능해집니다. 우리는 마음 수련을 매우 강조하면서도 내면적으로 어딘가 모자라고 빈곤하며 혼란에 빠져 있습니다. 이렇게 머리로 사는 것은 분열의 길입니다. 다른 집단과 갈등상태에 있는 집단 안에서 말고는, 관념은 신앙과 마찬가지로 결코 사람들을 뭉치게 할 수 없습니다.

우리가 통합의 수단으로 생각에 의지하는 한 반드시 분열이 있기 마련입니다. 생각에서 나온 행동은 분열을 가져온다는 것을 이해하는 것은 곧 자아의 작동 방식을 이해하고 자기 욕망의 움직임을 이해하는 것입니다. 우리는 우리에게 주어진 조건을 이해하고, 집단이나 개인으로서 우리가 그것에 어떻게 반응하는지 알아차려야 합니다. 모순된 욕망들과 성취욕, 희망과 두려움을 내포한 자아의 여러 움직임을 완전히 알아차릴 때 비로소 그 자아를 초월할 가능성이 있습니다.

사랑과 올바른 생각만이 진정한 혁명, 우리 자신의 내면의 혁명을 가져올 것입니다. 그러면, 우리는 어떻게 사랑에 이를 수 있을까요? 그것은 사랑이라는 이상을 추구하는 것을 통해서는 오지 않습니다. 오직 증오가 없고 탐욕이 없을 때, 그리고 반목의 원인인 자아의 존재감이 사라질 때 가능합니다. 착취, 탐욕, 시기로 이기적인 욕망 추구에 휘말린 사람은 결코 사랑을 할 수 없습니다.

사랑과 올바른 생각 없이는 억압과 잔인함은 계속 늘어날 것입니다. 사람들 사이의 적대감 문제를 해결하려면, 평화라는 이상을 추구할 것이 아니라, 삶과 동료 인간을 대하는 우리 태도 안에 깃들인 전쟁의 원인을 이해해야 합니다. 이런 이해는 오직 올바른 교육을 통해서만 올 수 있습니다. 가슴의 변화 없이는, 선의 없이는, 자기 이해에서 오는 내면의 변화 없이는, 인간에게 평화나 행복은 있을 수 없습니다.

4

교육과 세계 평화

Education and World Peace

●

현재의 세계 위기에서 교육이 어떤 역할을 할 수 있을지를 알아내려면, 먼저 이 위기가 어떻게 오게 되었는지를 이해해야 할 것입니다. 그것은 인간관계와 재산과 사상에 대한 우리의 잘못된 가치관의 결과임이 분명합니다. 우리의 인간관계가 자기 확장에 바탕을 두고 있고 재산에 대한 관계가 탐욕적이라면, 사회 구조는 경쟁적으로 될 수밖에 없고 사람들은 스스로를 고립시키게 될 것입니다. 사상과의 관계에서도 우리가 한 이념은 옳다 하고 다른 것에는 반대한다면, 그 피할 수 없는 결과는 상호 불신과 적대감일 것입니다.

지금 우리가 겪고 있는 혼돈의 또 다른 원인은, 일상생활에서든 작은 학교나 대학 안에서든, 권위자나 지도자에게 의존한다는 것입니다. 지도자와 그들의 권위는 어느 문화에서든 사회를 나쁘게 만드는 요인입니다. 우리가 다른 사람을 신봉할 때에는 오로지 두려움과 순응만 있고 깨달음이 없어서, 결국에는 전체주의 국가의 잔인함과 조직화된 종교의 독단주의를 불러오게 됩니다.

평화는 반드시 우리 자신을 이해하는 것으로 시작해야 하는데, 그것을 정부에 맡기고 조직이나 권위자가 평화를 가져오리라고 기대한다면 한층 더 큰 갈등을 낳게 될 것입니다. 사람들 사이에 끝없는 경쟁과 적대가 있는 사회 질서를 따르는 한 행복은 지속될 수 없습니다. 현재의 상황을 바꾸려면 먼저 우리 자신이 변해야만 하는데, 그것은 매일 생활 속에서 우리 자신의 행동과 생각과 느낌을 알아차려야 함을 뜻합니다.

그러나 우리는 진정으로 평화를 원하지 않고 착취를 끝내는 것도 바라지 않습니다. 우리는 우리 탐욕이 제지를 받거나 현 사회 구조의 기초가 바뀌는 것을 용인하지 않을 것입니다. 우리는 겉만 살짝 바꾸어 가면서 현 상황이 그대로 유지되기를 바라고, 그래서 권력을 쥔 약삭빠른 사람들이 필연적으로 우리의 삶을 지배하게 됩니다.

평화는 어떤 이념을 통해서 이루어지는 것이 아니며, 입법으로 달성되는 것도 아닙니다. 평화는 우리 각자가 자신의 심리적 과정을 이해하기 시작할 때에만 옵니다. 우리가 개인으로서 해야 할 바를 회피하면서 어떤 새로운 제도가 평화를 구축해 주기를 기다린다면, 우리는 한갓 그 제도의 노예가 되고 말 것입니다.

정부나 독재자, 대기업과 힘 있는 고위 성직자들이 사람들 사이에 늘어 가는 적대감이 무차별한 파괴로 이어질 뿐이라서 더 이상 이문이 나지 않는다는 것을 보기 시작하게 되면, 법률 제정이나 다른 강제적인 방법을 동원하여 우리에게 개인적인 염원이나 야망을 억누르고 인류의 복지를 위해서 서로 협조하라고 강요할 것입니다. 지금 우리가 무자비하게 경쟁하도록 부추기는 교육을 받는 것처럼, 서로 존중하고 세계 전체를 위해서 일하라고 강요받게 될 것입니다.

그러면 우리 모두가 잘 먹고 잘 입고 좋은 집에 살 수 있을지도 모르지만, 갈등과 적대심은 사라지지 않고 단지 다른 차원으로 옮겨 가 한층 더 잔인하고 파괴적인 형태로 나타날 것입니다. 자발적으로 기꺼이 하는 행동만이 도덕적이고 올바른 것이고, 깨달음만이 사람들에게 평화와 행복을 가져다줄 수 있습니다.

신앙이나 이데올로기, 그리고 조직화된 종교들은 우리를 이웃과 반목하게 만들고 있습니다. 다른 사회끼리는 물론이고 같은 사회 안에 있는 집단들 사이에도 갈등이 있습니다. 우리가 자신을 한 나라와 동일시하는 한, 안전에 집착하는 한, 교리에 매여 있는 한, 우리의 내면과 세상 둘 다에 분쟁과 고통이 있으리라는 점을 우리는 깨달아야 합니다.

·

그런데 애국심이라는 중요한 문제가 있습니다. 우리는 언제 애국심을 느낍니까? 그것은 분명히 매일 느끼는 감정은 아닙니다. 교과서나 신문 또는 다른 선전 매체를 통해서 우리는 애국심을 가지도록 용의주도하게 부추김을 당합니다. 그들은 국가의 영웅을 찬양하고, 우리 조국과 생활양식이 다른 것들보다 더 훌륭하다고 말해 줌으로써 인종적 우월감을 자극합니다. 이러한 애국정신은 어린 시절부터 늙을 때까지 우리의 허영심을 키웁니다.

우리가 특정한 정치나 종교 집단의 구성원이고 이 나라 혹은 저 나라에 속해 있다는 주장을 끊임없이 들으면서 우쭐해진 우리의 작은 자아는, 바람 받은 돛처럼 부풀어 올라, 마침내 국가나 인종이나 이데올로기를 위해 기꺼이 죽이고 죽을 태세를 갖추게 됩니다. 이것은 너무나 어리석고 자연스럽지 못한 일입니다. 확실히, 인간은 어떤 국가나 이념적인 경계보다 훨씬 더 중요합니다.

국가주의라는 분열의 기운이 세계 전역에서 불길처럼 번지고 있습니다. 사람들 안에 애국심을 키워 놓고 그것을 영리하게 이용하여 영토를 확장하고, 더 많은 권력과 부를 축적하는 사람들이 있습니다. 우리 각자도 이 과정에 동참하고 있는데, 왜냐하면 우리 역시 그것들을 원하고 있기 때문입니다. 다른 나라와 다른 민족을 정복하면 상품뿐 아니라 정치적, 종교적 이념 또한 팔 수 있는 새로운 시장이 열립니다.

우리는 폭력과 적대심의 이 모든 표현을 편견 없는 마음으로 보면서 무엇이 진실인지를 알아내려고 노력해야 합니다. 편견 없는 마음이란 어떤 나라나 인종 또는 이념과 자기를 동일시하지 않는 것입니다. 정부나 전문가, 학자들의 의견이나 지시에 영향을 받지 않고 사물을 있는 그대로 분명하게 보는 데에 큰 기쁨이 있습니다. 일단 애국심이 인간의 행복에 장애가 된다는 사실을 정말로 알게 되면, 우리는 내면에서 이 헛된 감정과 씨름을 할 필요가 없고, 그것은 우리에게서 영원히 사라집니다.

국가주의, 애국심, 계급 및 인종 의식은 모두 자아의 여러 모습이고, 그래서 분열적입니다. 국가란 결국 경제적 이익과 자기 보호를 위해 개인들이 모여 사는 집단이 아니고 무엇이 겠습니까. 두려움과 자기 것을 지키고 싶은 욕망에서 '우리나라'라는 관념이 나오고 그에 따르는 국경선과 관세 장벽은 형제애와 인류의 화합을 불가능하게 합니다.

무언가를 더 얻어서 계속 가지고 있으려는 욕망, 그리고 우리보다 더 큰 무엇과 동일시하고 싶은 열망이 국가주의를 만들어 내고, 국가주의는 전쟁을 유발합니다. 모든 나라의 정부들이 조직화된 종교의 뒷받침 아래 국가주의와 분리주의를 떠받들고 있습니다. 국가주의는 하나의 병이며, 결코 세계의 화합을 가져올 수 없습니다. 병을 통해서 건강을 얻을 수는 없으므로, 먼저 그 병으로부터 우리가 해방되지 않으면 안 됩니다.

우리가 끊임없이 무장을 해야 하는 것은, 우리가 우리 주권 국가와 신앙과 재산을 지키기 위해 기꺼이 나서는 국가주의 자들이기 때문입니다. 재산과 사상이 우리에게 인간의 생명보다 더 중요해졌기 때문에 우리와 다른 사람들 사이에 끝없는 적대심과 폭력이 있는 것입니다. 조국의 주권을 수호하기 위해서 우리는 자식들을 죽이고 있습니다. 우리 자신이 확장된 것에 불과한 국가를 숭배하면서, 우리 자신의 만족을 위해서 자식들을 희생시키고 있습니다. 국가주의와 주권국들은 전쟁 발생의 원인이요 전쟁의 도구입니다.

●

현재의 사회 제도는 그 기반 자체가 건전하지 않기 때문에 세계연방으로 진화해 갈 수가 없습니다. 국가 주권을 옹호하고 개인보다 집단을 더 중시하는 의회와 교육 제도로는 전쟁을 결코 종식시킬 수 없습니다. 지배자와 피지배자가 있는 모든 분열된 인간 집단이 바로 전쟁의 원천입니다. 현재의 인간관계를 근본적으로 바꾸지 않는 한, 산업은 필연적으로 혼란으로 이어지고 고통과 파괴의 도구로 변할 것입니다. 폭력과 압제, 기만과 사상 주입이 계속되는 한, 인류의 형제애는 실현될 수 없습니다.

뛰어난 기술자, 훌륭한 과학자, 능력 있는 사업가, 숙련된 노동자가 되도록 사람들을 교육하는 것만으로는 억압자와 피억압자의 화합을 가져오지 못합니다. 사람들 사이에 적의와 증오를 낳는 많은 명분들을 지지하는 지금의 교육 제도가 국가나 신의 이름으로 행해지는 대량 학살을 막지 못해 왔다는 사실을 우리는 알고 있습니다.

세속적, 영적 권위를 아울러 누리는 조직화된 종교 역시 인류에게 평화를 가져다주지 못하고 있습니다. 왜냐하면 그것 역시 우리의 무지와 불안, 우리의 그릇된 믿음과 우월감의 산물이기 때문입니다.

이 세상이나 내세에서 안전하기를 갈망하면서, 우리는 그런 안전을 보장하는 제도와 이념을 만들어 냅니다. 그러나 안전을 위해서 안간힘을 쓸수록 우리는 점점 더 안전에서 멀어집니다. 안전하기를 바라는 욕망은 분열을 조장하고 적대심을 키울 따름입니다. 이런 사실을 단순히 말이나 머리가 아니라 존재 전체로 깊이 느끼고 깨닫는다면, 바로 우리 주변의 동료 인간들과 맺고 있는 인간관계를 근본적으로 바꾸기 시작할 것입니다. 오직 그때에만 화합과 형제애를 달성할 가능성이 있습니다.

우리 대부분은 온갖 불안에 사로잡혀 있어서 자신의 안전이 최대의 관심사입니다. 우리는 어떤 기적이 일어나서 모든 전쟁이 종식되기를 바라는 와중에도 계속해서 다른 나라가 전쟁을 일으켰다고 힐난하고, 그러면 그쪽에서 이를 되받아 우리를 재앙덩어리라고 비난합니다. 전쟁이 사회에 해롭다는 사실이 그렇게 분명한데도, 우리는 전쟁 준비를 하고 젊은이에게 군인 정신을 키워 주고 있습니다.

그러나 군사 훈련이 교육 안에 설 자리가 있을까요? 그것은 전적으로 우리가 우리 자식들이 어떤 사람이 되기를 원하는가에 달려 있습니다. 아이들이 유능한 살인자가 되기를 바란다면, 군사 훈련은 필요합니다. 아이들을 훈련시켜서 그들의 마음을 확실히 통제하고 싶다면, 아이들을 국수주의자로 만들어 사회에 대해 무책임한 인간이 되도록 하는 것이 우리의 목적이라면, 군사 훈련은 그를 위한 좋은 수단이 될 것입니다. 죽음과 파괴를 좋아한다면, 군사 훈련은 분명히 중요합니다. 장군들의 역할은 전쟁을 계획하고 수행하는 것입니다. 우리의 의도가 이웃 나라와 끝없이 전쟁을 하는 것이라면, 어떻게든 더 많은 장군들을 확보합시다.

우리가 살아가면서 내면의 자신과 그리고 다른 사람들과 끝없이 다툰다면, 또 유혈과 비극을 지속시키는 것이 우리가 원하는 바라면, 더 많은 군인과 정치인, 그리고 더 많은 적이 있어야만 합니다. 이런 일들이 지금 실제로 일어나고 있습니다. 현대 문명은 폭력을 기초로 하고 있기 때문에 죽음을 자초하고 있습니다. 힘을 숭배하는 한, 폭력은 우리 삶의 습관이 될 것입니다. 그러나 평화를 바란다면, 기독교도이든 힌두교도이든 또한 러시아인이든 미국인이든 상관없이 사람들이 서로 올바른 관계를 맺기를 원한다면, 우리 아이들이 통합된 인간이 되기를 바란다면, 군사 훈련은 완벽한 장애물이요 잘못된 출발점입니다.

●

증오와 투쟁의 주요 원인 중 하나는 특정 계급이나 인종이 다른 쪽보다 우월하다는 신념입니다. 어린이는 계급도 인종도 의식하지 않습니다. 가정이나 학교 환경 또는 그 양쪽이 아이들로 하여금 차별을 느끼게 만듭니다. 어린이 자신은 같이 노는 친구가 흑인이든 유대인이든, 브라만[2]이건 브라만이 아니건 개의치 않습니다. 그러나 전체 사회 구조가 계속 어린이의 마음을 잠식하면서 영향을 미치고 그것을 형성해 나갑니다.

여기에서도 문제는 어린이에게 있는 것이 아니라 어리석은 분리주의 환경과 그릇된 가치관을 만들어 낸 어른들에게 있습니다.

---

2 인도 카스트 제도에서 가장 높은 지위인 승려 계급

사람을 구별해 주는 진정한 기준이라는 게 있을까요? 몸의 골격과 피부색이 서로 다르고 얼굴이 서로 닮지 않았어도, 피부 안쪽의 우리는 너무나 비슷합니다. 뽐내고, 야심만만하고, 시기하고, 폭력적이고, 성적이고, 권력을 추구하고……. 라벨을 떼어 내면 우리 모습이 그대로 드러납니다. 그러나 우리는 적나라한 자기 모습을 직면하고 싶지 않고, 그래서 라벨을 고집합니다. 우리가 얼마나 미성숙하고 정말이지 얼마나 유치한가를 이 점이 잘 보여 줍니다.

어린이가 편견 없이 자랄 수 있게 하려면, 우리가 먼저 우리 안에 있는 모든 편견을, 이어서 우리 주위의 모든 편견을 부수어야 합니다. 이는 곧 우리가 만든 이 비정한 사회 구조를 무너뜨려야 한다는 말입니다. 가정에서 부모가 아이에게 계급이나 인종을 따지는 것이 얼마나 불합리한지 말해 주면 아이는 대체로 동의할 것입니다. 그러나 학교에 가서 다른 아이들과 놀면서 아이는 차별하는 마음에 오염이 됩니다. 아니면 그 반대일 수도 있습니다. 즉, 가정은 전통에 매여 편협한데, 학교의 영향 쪽이 더 폭이 넓을 수도 있습니다. 양쪽 모두 가정과 학교 환경 사이에 싸움이 계속되고, 어린이는 둘 사이에서 오도 가도 못 하게 되어 버립니다.

아이를 건전하게 키워서 이 어리석은 편견들을 꿰뚫어 볼 만한 통찰력을 갖추도록 도우려면 우리와 아이의 관계가 아주 친밀해야 합니다. 우리는 여러 가지 일을 놓고 아이와 진지하게 토론하고, 아이가 지혜로운 대화를 들을 수 있게 해주어야 합니다. 아이 안에 이미 있는 탐구심과 불만을 일깨워 줌으로써, 무엇이 진실이고 무엇이 거짓인지를 아이가 스스로 발견할 수 있도록 도와주어야 합니다.

창조적 지성은 끊임없는 탐구와 진지한 불만에서 옵니다. 그러나 탐구심과 불만을 계속 깨어 있게 하는 것은 아주 힘든 일입니다. 대부분의 사람들은 자기 자녀가 이런 종류의 지성을 가지기를 바라지 않습니다. 왜냐하면 널리 받아들여진 가치에 대하여 끊임없이 의문을 제기하는 사람과 함께 사는 것은 아주 불편한 일이기 때문입니다.

젊을 때에는 우리 모두에게 불만의 기상이 있습니다. 그러나 유감스럽게도 모방 성향과 권위 숭배 때문에 우리의 불만은 억눌려 이내 시들어 버립니다. 나이 들어 가면서 생각은 점점 굳어지고 현실에 안주하면서 걱정에 빠집니다. 우리는 회사 임원, 성직자, 은행원, 공장 관리자, 기술자가 되고, 서서히 부패하기 시작합니다. 자기 지위를 유지하려는 욕망 때문에, 그 지위를 우리에게 주고 약간의 안전판을 마련해 준 파괴적인 사회를 지지합니다.

정부가 교육을 통제하는 것은 재앙입니다. 교육이 국가나 조직화된 종교의 시녀 역할을 하는 한 세계의 평화와 질서는 기대할 수 없습니다. 그러나 점점 더 정부가 아이들과 그들의 장래에 대한 책임을 맡아 가고 있습니다. 정부가 아니면 이번에는 종교 기관들이 교육을 통제하려고 듭니다.

정치적이건 종교적이건, 아이의 마음을 특정한 이념의 틀에 맞도록 길들이면 사람들이 서로 미워하게 됩니다. 경쟁적인 사회에서는 형제애가 있을 수 없고, 어떤 개혁이나 독재 체제, 교육 방법도 형제애를 가져올 수 없습니다.

여러분은 뉴질랜드 사람이고 저는 인도 사람으로 남아 있는 한, 인류의 화합에 대해 얘기하는 것은 무의미한 일입니다. 여러분은 여러분 나라에서 저는 제 나라에서 각자의 종교적인 편견과 경제 노선을 고수한다면, 어떻게 우리가 한 인류로서 모일 수 있겠습니까? 애국심이 사람들을 갈라놓고, 수백만의 사람들이 경제 불황의 굴레에 매인 와중에 다른 사람들은 잘살고 있는 판에 어떻게 형제애가 생길 수 있겠습니까? 신앙이 우리를 갈라놓고, 한 집단이 다른 집단을 지배하고, 부자는 권력이 있고 가난한 사람도 같은 권력을 차지하려 하고, 토지가 불공평하게 분배되고, 몇몇 사람들은 잘 먹고 다수가 굶주리고 있다면, 어떻게 인류의 화합이 있을 수 있겠습니까?

●

우리의 곤란한 점 가운데 하나는 우리가 이런 문제들에 대해 정말로 진지하게 생각하지 않는다는 것입니다. 그것은 우리가 마음을 크게 어지럽히는 일은 피하고 싶어 하기 때문입니다. 우리는 우리에게 유리한 식으로만 상황을 바꾸고 싶어 하고, 그래서 우리 자신의 공허함과 잔인함에 대해서는 별 관심을 두지 않습니다.

　폭력을 통하여 과연 평화에 도달할 수 있을까요? 평화는 서서히 시간이 지남에 따라 점차적으로 이룰 수 있는 것일까요? 물론, 사랑은 훈련이나 시간의 문제가 아닙니다. 지난 두 대전은 민주주의를 위한 싸움이었다고 저는 믿습니다. 그런데 지금 우리는 훨씬 더 크고 더 파괴적인 전쟁을 준비하고 있고, 사람들은 더 자유롭지 못합니다. 가령, 우리가 서로 이해하는 데 분명히 걸림돌이 되는 권위, 신조, 국가주의와 모든 계급 제도를 치워 버린다면 무슨 일이 일어날까요? 우리는 권위가 없는 사람들이 될 것이고, 서로 직접적인 관계를 맺는 사람들이 될 것입니다. 그때에는 어쩌면 사랑과 연민이 있을 것입니다.

다른 분야와 마찬가지로 교육에서도 가장 중요한 것은 이해심과 애정이 있는 사람을 두는 것입니다. 이런 사람의 가슴은 공허한 글귀나 지식들로 가득 채워져 있지 않습니다.

인생이 사색, 돌봄, 애정과 더불어 행복하게 살아가도록 되어 있는 것이라면, 우리 자신을 이해하는 것이 아주 중요합니다. 진실로 밝은 사회를 건설하기를 바란다면, 우리에게는 자신을 통합하는 방법을 알고 따라서 자신이 이해한 것을 아이들에게 전해 줄 수 있는 교사가 꼭 필요합니다.

그런 교육자는 현재의 사회 구조에는 위협이 될 것입니다. 그러나 우리는 개명한 사회를 세우는 것을 진심으로 바라지는 않습니다. 따라서 평화와 관련된 모든 것을 이해하는 어떤 교사가 국가주의의 정확한 의미와 전쟁의 어리석음을 지적하기 시작하면, 머지않아 그의 일자리를 잃게 될 것입니다. 이 점을 알기에, 대부분의 교사들은 타협을 함으로써 착취와 폭력의 현 체제가 유지되는 것을 돕습니다.

진리를 발견하려면 분명히 우리 내면의 자신, 그리고 이웃과의 분쟁에서 자유로워야 합니다. 우리가 내면의 자신과 갈등하지 않으면 바깥세상과도 갈등이 없습니다. 우리 내면의 싸움이 바깥으로 투영되면서 세상의 갈등으로 나타납니다.

전쟁이란 우리 일상생활이 극적으로, 유혈 낭자하게 반영된 것입니다. 우리의 일상생활이 전쟁을 촉발하고 있습니다. 우리의 내면을 일신하지 않는 한 국가와 인종을 둘러싼 적대가 불가피하고, 유치한 이념 분쟁, 군대 증설, 국기에 대한 경례 등 조직적인 살인을 초래하는 온갖 만행이 벌어질 수밖에 없습니다.

세계 도처에서 교육은 실패했고, 파괴와 고통이 증가하는 결과를 가져왔습니다. 각국 정부에서는 젊은이들을 훈련시켜서 국가에 필요한 유능한 군인과 기술자로 양성하는 한편, 규율과 편견을 조장하고 강요하고 있습니다. 이런 사실들을 고려하면서, 우리는 우리 존재의 의미, 그리고 우리 삶의 중요성과 목적을 캐물어야 합니다. 우리는 새로운 환경을 만드는 데 이로운 길을 찾아내야 합니다. 왜냐하면 환경은 어린이를 냉혹하고 감정이 메마른 전문가로 만들 수도 있고, 민감하고 슬기로운 인간으로 만들기도 하기 때문입니다. 우리는 국가

주의나 이념, 힘에 기반을 두지 않은 근본적으로 다른 세계정
부를 창조해야 합니다.

●

이 모든 것은 우리가 관계 안에서 서로에 대한 책임을 깨닫는
것을 의미합니다. 책임을 깨달으려면, 우리 가슴 안에 사랑이
있어야 합니다. 단순히 배워 얻은 지식으로는 안 됩니다. 우
리의 사랑이 클수록 그것이 사회에 미치는 영향도 더욱 깊어
집니다. 그러나 우리는 온통 머리뿐이고 가슴은 없습니다.
즉, 우리는 지능을 계발하지만 겸양의 덕을 업신여깁니다. 우
리가 진정으로 아이들을 사랑한다면 아이들을 안전하게 지키
고 보호하려 할 것이며, 전쟁에서 희생되도록 내버려 두지 않
을 것입니다.

제 생각에 우리는 실제로 무기를 원합니다. 우리는 군사력
뽐내기를 좋아합니다. 군복과 의식, 술 마시고 시끄럽게 떠드
는 것을 좋아하고, 폭력을 즐깁니다. 우리의 일상생활은 이런
거칠고 천박한 것이 반영된 축소판이고, 우리는 시기심과 몰
인정한 행동으로 서로를 파괴하고 있습니다.

우리는 부자가 되고 싶어 합니다. 더 큰 부자가 될수록, 우

리는 더 무자비해집니다. 설령 자선사업이나 교육에 거액을 기증할지라도 그렇습니다. 피해자에게서 빼앗은 뒤 약탈물 가운데 일부를 되돌려 주는 것을 우리는 자선이라고 부릅니다. 제 생각에는 우리가 어떤 재앙을 마련하고 있는지를 깨닫지 못하는 것 같습니다. 우리 대부분은 매일을 최대한 바빠 생각 없이 살면서, 우리 삶의 방향까지도 정부나 교활한 정치인들에게 맡기고 있습니다.

모든 주권국가는 전쟁에 대비하지 않으면 안 되고, 어떤 나라도 그 예외는 아닙니다. 국민들을 유능한 전사로 만들고 의무를 효과적으로 이행하도록 준비시키려면 국민을 통제하고 지배해야만 합니다. 따라서 국민들은 기계처럼 행동하고 무자비하게 능률을 추구하도록 교육을 받습니다. 삶의 궁극의 목적이자 종착점이 남을 죽이거나 자기가 죽임을 당하는 것이라면, 교육은 무자비함을 장려할 수밖에 없습니다. 그것은 우리가 마음속으로 원하는 바가 아니라는 확신이 제게는 전혀 없습니다. 왜냐하면 성공 숭배는 무자비함과 함께 가는 것이기 때문입니다.

주권국가는 국민들이 자유로운 것도, 스스로 생각하는 것도 바라지 않습니다. 그래서 선전이나 역사를 왜곡하는 등의 다른 수단으로 국민을 통제합니다. 교육이 점점 더 '어떻게' 생각할 것인가가 아니라 '무엇을' 생각할 것인가를 가르치는 도구가 되어 가는 것은 그 때문입니다. 우리가 지금의 지배적인 정치 체제로부터 독립된 생각을 하게 된다면, 우리는 위험한 사람이 될 것입니다. 왜냐하면 자유로운 단체들이 평화주의자나 현 정권에 반대되는 생각을 하는 사람들을 키워 낼지 모르니까요.

주권국가에 올바른 교육은 분명히 위험합니다. 그래서 그것을 때로는 노골적으로, 때로는 교묘한 수단으로 방해합니다. 소수가 틀어쥔 교육과 식량은 사람들을 지배하는 수단 노릇을 해 왔습니다. 그리고 좌와 우를 막론하고 국가는, 우리가 상품이나 총알을 능률적으로 생산하는 기계로 남아 있는 한, 그 문제에 개의치 않습니다.

이와 같은 일이 세계 전역에서 일어나고 있다는 사실이 의미하는 바는, 시민이자 교사인 동시에 현존하는 정부에 책임이 있는 우리가 인간이 자유로운지 노예 상태인지, 평화로운지 전쟁을 하고 있는지, 행복한지 불행한지에 대해 기본적으로 관심이 없다는 것입니다. 우리는 여기저기 약간의 개혁은 바랍니다. 그러나 우리 대부분은 현 사회를 무너뜨리고 완전히 새로운 사회 구조를 건설하는 것은 두려워합니다. 왜냐하면 그러기 위해서는 우리 자신을 근본적으로 바꿀 필요가 있기 때문입니다.

다른 한편에는 폭력 혁명을 추구하는 사람들이 있습니다. 그동안 갈등과 혼란, 고통에 찬 현재의 사회 구조를 세우는 것을 거든 그들이 이제 와서 완전한 사회를 만들고 싶어 합니다. 그러나 지금의 사회를 만들어 낸 당사자인 우리 가운데 어느 누가 어떤 완전한 사회를 세울 수 있겠습니까? 폭력을 통해 평화가 성취될 수 있다고 믿는 것은 곧 미래의 이상을 위하여 현재를 희생하는 것입니다. 이처럼 그릇된 수단으로 올바른 목적을 추구하는 것이야말로 눈앞의 재앙을 초래한 원인들 가운데 하나입니다.

유물론적 가치가 널리 지배하게 되면 필연적으로 국수주의와 경제 장벽, 주권국가와 애국심이라는 독약을 만들어 냅니다. 이들 모두가 사람들의 상호 협력을 가로막고 인간관계를 타락시키는데, 그 인간관계가 곧 사회입니다. 사회란 당신과 다른 사람 사이에 맺어진 관계입니다. 이 관계를 깊이 이해하지 못하면, 다시 말해 어느 한 차원에 머무르지 않고 총체적 과정으로서 통합적으로 이해하지 못하면, 아무리 겉을 손본다 한들 우리는 다시 똑같은 종류의 사회 구조를 만들어 낼 수밖에 없습니다.

●

이 세상에 이루 말할 수 없는 불행을 가져온 지금의 인간관계를 근본적으로 바꾸기 위해 우리가 지금 당장 해야 할 유일한 일은 자기 이해를 통해 우리 자신을 바꾸는 것입니다. 이렇게 우리는 다시 자기 자신이라는 중심점으로 되돌아왔습니다. 그러나 우리는 그로부터 재빨리 물러나서는 정부나 종교 또는 이데올로기에 책임을 전가하고 있습니다. 정부가 곧 우리이고 여러 종교와 이념들도 단지 우리 자신의 투사에 불과한 것이라, 우리가 근본적으로 변화할 때까지는 올바른 교육도 평화로운 세상도 오지 않습니다.

모든 사람을 위한 바깥의 안전은 사랑과 지혜가 있을 때에만 가능합니다. 그러나 우리가 갈등과 고통의 세상을 만들어 놓은 터라, 바깥의 안전은 누구에게나 급속도로 불가능해지고 있습니다. 이것이야말로 과거와 현재의 교육이 얼마나 무익한지를 보여 주는 예가 아닐까요? 전통적인 사고방식과 결별해야 할 직접적인 책임이 바로 우리들, 부모와 교사에게 있습니다. 그저 전문가들과 그들의 연구 결과에 의지해서는 안 됩니다. 기술에 유능해지면 돈을 벌 능력이 어느 정도 생깁니다. 우리 대부분이 현재의 사회 구조에 만족하는 것도 바로 그 때문입니다. 그러나 진정한 교육자라면 오로지 바른 삶, 바른 교육, 그리고 바른 생계에 관심을 둘 것입니다.

이런 일에 우리가 책임을 지지 않을수록 국가가 그 책임을 더 많이 대신 집니다. 우리가 직면한 위기는 정치나 경제적인 것이 아니라 인간의 타락이라는 위기입니다. 그것은 어떤 정당이나 경제 체제도 돌이킬 수 없는 것입니다.

또 다른 훨씬 더 큰 재앙이 위험스러우리만치 가까이 다가오고 있지만, 우리 대부분은 그것에 대해 아무런 대비도 하지 않고 있습니다. 우리는 하루하루를 전과 똑같이 살고 있는데, 왜냐하면 우리의 모든 잘못된 가치들을 말끔히 벗어 버리고 새로 시작하는 것을 원하지 않기 때문입니다. 우리는 땜질식 개혁을 바라는데, 그것은 또 다른 개혁이 필요한 문제를 낳을 뿐입니다. 그러나 지금은 건물이 허물어지고 담장이 무너지고 불에 타고 있는 상황입니다. 우리는 이 건물을 버리고 새로운 땅에서, 지금과는 다른 기초와 다른 가치들로 시작해야 합니다.

기술 지식은 버릴 수 없습니다. 그렇지만 우리 내면의 추악함과 무자비함, 기만과 부정직, 사랑의 철저한 결핍을 깨달을 수는 있습니다. 국가주의와 시기심, 권력에 대한 갈망에서 지혜롭게 스스로 해방될 때에만 우리는 새로운 사회 질서를 이룩할 수 있습니다.

평화란 땜질식 개혁으로, 또는 낡은 사상과 미신들의 단순 재배치로 이루어지는 것이 아닙니다. 겉으로 보이는 것 너머에 있는 것을 이해하고, 그리하여 우리 자신의 공격성과 두려움에서 비롯한 이 파괴의 물결을 멈출 때에만 평화가 있을 수 있습니다. 오직 그때에만 우리 아이들에게 희망이 있고 세상에 구원이 있습니다.

5

학교

The School

올바른 교육에서는 개인의 자유가 중요합니다. 자유로운 개인만이 전체와, 많은 사람과 진정으로 협력할 수 있습니다. 이 자유는 자기 확장과 성공을 추구해서 얻을 수 있는 것이 아닙니다. 자유는 자기 이해에서 옵니다. 마음이 자신의 안전을 위해서 스스로 만들어 놓은 장애물을 뛰어넘을 때 옵니다.

교육의 역할은 각 개인이 자신의 이런 심리적 장애물을 발견하도록 돕는 것입니다. 단순히 새로운 행동 패턴이나 사고 체계를 강요하는 것이 아닙니다. 그런 강요는 절대로 지혜나 창조적 이해를 일깨울 수 없고, 오로지 개인에게 더 무거운 조건을 지울 따름입니다. 이 현상이 세계 어디에서나 일어나고 있고, 그래서 우리의 문제는 지속되고 늘어납니다.

인생의 깊은 의미를 이해하기 시작할 때에만 진정한 교육이 가능합니다. 이런 이해는 마음이 무언가 보상을 바라는 욕망에서 슬기롭게 자유로워질 때 옵니다. 보상의 욕망은 불안과 순응을 부추깁니다. 우리가 아이들을 사유 재산처럼 여긴다면, 대단찮은 우리 자아의 연장이나 우리 야심을 채우는 도구로 여긴다면, 우리는 사랑 없이 자기중심적 이익만을 추구하는 사회 구조를 만들어 내게 될 것입니다.

세속적인 의미에서 성공적인 학교가 교육 기관으로서는 실격일 때가 많습니다. 수백 명의 어린이들이 함께 배우는 크고 잘나가는 교육 시설은 그 화려한 프로그램과 성공에 힘입어 은행원, 뛰어난 판매원, 경영자, 고위 지휘관, 유능하지만 깊이는 없는 기술자들을 만들어 낼 수 있습니다. 그러나 통합된 개인을 길러 낼 희망은 오로지 작은 학교에만 있습니다. 큰 건물에서 최신의 최고의 교육 방법을 실행하는 것보다 제한된 수의 남녀 학생과 올바른 교사가 있는 학교가 더 중요한 이유가 거기에 있습니다.

우리를 혼란스럽고 어렵게 하는 것 중의 하나는, 유감스럽게도, 무엇이든지 큰 규모로 해야만 한다는 우리의 생각입니다. 우리 대부분은, 제대로 된 교육 기관들이 아닌 것이 분명한데도, 으리으리한 건물을 가진 큰 학교를 원합니다. 우리가 대중이라고 부르는 사람들을 바꾸거나 그들에게 영향을 주고 싶기 때문입니다.

그러나 대중이 누구인가요? 바로 여러분과 저입니다. 대중이 제대로 교육받아야 한다는 생각에 현혹되지 맙시다. 대중을 고려한다는 것은 당장 해야 할 행동을 회피하는 한 방편입니다. 우리가 바로 눈앞의 일을 하기 시작하면 올바른 교육은 곧 보편화할 것입니다. 그 일이란 우리 아이들, 우리 동료들, 우리 이웃과의 관계 속에서 우리 자신을 이해하는 것입니다. 그러면 우리가 사는 세상에서, 즉 우리 가족과 친구들과 함께하는 세상에서 우리 행동이 미치는 영향과 효과는 커질 것입니다.

모든 관계 안에서 우리 자신을 충분히 이해하면, 지금은 의식하지 못하는 혼란과 한계들을 우리 안에서 발견하기 시작하게 될 것입니다. 그리고 그 혼란과 한계들을 인식하면, 우리는 그것들을 이해하고 해소할 수 있게 될 것입니다. 이런 깨달음에서 오는 자기 이해가 없이는 교육이나 다른 분야에서 어떤 개혁을 해도 더 큰 반목과 불행을 초래할 것입니다.

큰 건물을 짓고, 학생 하나하나를 관계 안에서 주의 깊게 관찰하는 대신에 어떤 시스템에 의지해서 가르치는 교사를 채용할 때, 우리는 단지 지식의 축적, 능률 추구, 주어진 틀에 따라 기계적으로 생각하는 습관을 조장하게 될 따름입니다. 이것들은 분명히 학생들이 온전한 인간으로 자라는 데 도움이 되지 않습니다. 명석하고 사려 깊은 교육자들이 쓴다면 시스템도 어느 정도 유용할지 모르지만, 그래도 아이들의 지혜를 일깨우는 데에는 도움이 되지 못합니다. 그런데도 이상하게 '시스템'이나 '체제' 같은 말들이 우리에게 아주 중요해졌습니다. 실재의 자리를 상징이 차지했고, 우리는 그것을 당연한 일로 기꺼이 받아들입니다. 왜냐하면 실재는 우리 마음을 어지럽게 하지만 그림자는 우리에게 위안을 주기 때문입니다.

●

아이 하나하나가 어려워하는 것, 아이의 성향과 능력을 주의 깊게 살피고 이해함으로써만 성취할 수 있는 교육의 기본 가치를 대량 교육으로는 달성할 수 없습니다. 이 점을 깨달은 사람들 그리고 진지하게 자신을 이해하고 젊은이들을 돕고 싶어 하는 사람들이 함께 모여 학교를 시작해야 합니다. 그 학교는 아이들이 슬기롭고 온전하게 자라는 데 도움을 줌으로써 아이들 삶에서 지극히 중요한 역할을 하게 될 것입니다. 학교를 시작하는 데 필요한 자금이 다 모일 때까지 기다릴 필요는 없습니다. 집에서 한 명의 참된 교사가 될 수도 있을 테고, 진지한 사람들에게는 기회가 찾아올 겁니다.

자기 아이와 주위의 아이들을 사랑하고 그래서 진지하게 이 일에 임하는 사람들은 집 근처 어딘가에, 아니면 자기 집에라도 꼭 올바른 학교가 세워지게 할 것입니다. 그러면 돈은 찾아올 겁니다. 돈은 가장 덜 중요한 고려 사항입니다. 물론 제대로 된 작은 학교를 유지하는 데에는 재정난이 따릅니다. 그러나 이 학교는 두둑한 은행 잔고 위가 아니라, 자기희생 위에서만 꽃필 수 있습니다. 돈은 사랑과 이해가 없으면 반드시 부패합니다. 진실로 해 볼 만한 값어치가 있는 학교라면 필요한 도움은 얻게 될 것입니다. 아이들에 대한 사랑이 있을 때에는 모든 것이 가능합니다.

학교 시설을 제일 중요하게 여기는 한, 아이들은 중요한 고려 대상이 되지 못합니다. 올바른 교육자는 학생 수가 아니라 학생 개개인을 중요하게 여깁니다. 그런 교사는 생기가 넘치고 의미가 있는 학교를 세울 기회를 발견하게 될 것이고, 그런 학교를 지원하는 부모들이 있음을 알게 될 것입니다. 교사는 불꽃같은 관심을 가지고 있어야 합니다. 교사가 미적지근하면, 그의 학교도 다른 학교와 똑같을 것입니다.

부모들이 아이들을 진정으로 사랑한다면, 올바른 교사를

갖춘 작은 학교를 설립하기 위해서 법률 제정이나 그 밖의 방법들을 강구할 터이고, 작은 학교가 비용이 많이 들고 올바른 교사를 찾기가 힘들다는 사실로 주저앉지 않을 것입니다.

하지만, 이런 학교들은 지극히 혁명적일 수밖에 없기 때문에 정부나 조직화된 종교 같은 기득권 세력의 반대가 반드시 있으리라는 점을 부모들은 알아야 합니다. 진정한 혁명은 폭력적인 것이 아닙니다. 온전하고 슬기로운 사람들을 길러 내서 그들의 삶 자체가 서서히 근본적인 사회 변화를 가져올 때, 진정한 혁명은 일어납니다.

·

이런 학교에서는 교사 모두가 자발적으로 모이는 것이 무엇보다도 중요합니다. 설득이나 선발을 통해 모으면 안 됩니다. 자발적으로 세속적 욕심으로부터 자유를 선택하는 것만이 진정한 교육 기관의 올바른 기반입니다. 교사들이 서로 지원하고 학생들이 바른 가치관을 알도록 도우려면 일상적 관계에서 끊임없이 민감하게 알아차리는 게 필요합니다.

고립된 작은 학교에서는 날로 늘어 가는 갈등과 파괴와 고통에 찬 바깥세상이 있다는 사실을 잊어버리기 쉽습니다. 그

세상은 우리와 따로 떨어진 것이 아닙니다. 오히려, 우리가 사회를 지금처럼 만들었으니, 사회는 우리의 일부입니다. 따라서 사회 구조를 근본적으로 바꾸려면 교육부터 올바로 해야 합니다.

우리의 문제와 고통을 궁극적으로 해결해 줄 수 있는 것은 이데올로기나 지도자나 경제 혁명이 아니라 바른 교육뿐입니다. 이 진상을 아는 것은 지적·감정적 설득의 문제도, 교묘한 논증의 문제도 아닙니다.

올바른 학교의 중심 역할을 하는 직원이 헌신적이고 생동감이 넘치면, 같은 목적을 가진 사람들이 모여들 것이고, 바른 교육에 관심이 없는 사람들은 곧 자신이 그 학교에 맞지 않는다는 사실을 알게 될 것입니다. 중심 역할을 하는 사람들이 목적에 투철하고 빈틈없다면, 무관심한 주변은 시들어 떨어져 나갈 것입니다. 그러나 중심부가 관심이 약하면 전체가 불안정하고 약해질 것입니다.

교장 혼자서 그 중심이 될 수는 없습니다. 한 사람이 도맡은 열정이나 관심은 반드시 약해져 죽어 버립니다. 그런 관심은 또 다른 변덕과 환상을 좇아서 변하기 때문에, 표면적이고 일시적이어서 가치가 없습니다. 교장이 결정권을 틀어쥐고 있다면, 자유와 협동의 정신은 분명히 존재할 수 없습니다. 강력한 한 주인공이 혹시 일류 학교를 세운다 하더라도, 곧 두려움과 순종이 스며들고 그러면 나머지 교직원들은 단역 배우들로 구성되기 마련입니다.

이런 그룹은 개인이 자유와 깨달음을 얻는 데 도움이 되지 못합니다. 교사들이 교장의 지배 아래 있어도 안 되고, 교장이 모든 책임을 도맡아도 안 됩니다. 오히려, 교사 한 사람 한 사람이 전체에 대한 책임을 느껴야 합니다. 몇 안 되는 교사들만 관심을 기울이게 되면, 나머지 사람들의 무관심 혹은 반대로 전체의 노력이 방해를 받거나 무의미해집니다.

학교가 중앙의 권위자 없이 과연 운영이 될 수 있을지 의문을 가질 수도 있지만, 실은 지금까지 시도를 해 보지 않아서 모르는 것입니다. 분명히, 참된 교육자 그룹에서는 이 권위 문제가 일어나지 않을 것입니다. 모두가 자유롭고 지혜로워지려고 노력할 때에는 모든 차원에서 서로 협력하는 것이 가능해집니다. 올바른 교육에 깊이 그리고 오랫동안 관여해 본 적이 없는 사람에게는 중앙 권위자가 없는 것이 비현실적 이론으로 보일지 모릅니다. 그러나 올바른 교육에 전적으로 헌신하는 교사는 재촉을 받거나 감독이나 관리를 받을 필요가 없습니다. 슬기로운 교사는 자기 능력을 유연하게 펼쳐 나갈 것입니다. 개인적 자유를 유지하면서도 규칙을 지키고 학교 전체의 이익을 위하여 필요한 일을 할 것입니다. 능력은 진지한 관심에서 시작되고, 능력과 관심은 둘 다 실제에 적용되면서 더 강해집니다.

복종과 관련된 심리적인 면을 이해하지 못하면서 단순히 권위자를 따르지 않겠다고 결심한다면 혼란을 가져올 따름입니다. 그런 혼란은 권위자가 없어서가 아니라 올바른 교육에 대해서 깊이 공유하는 관심이 없기 때문에 생깁니다. 진정한 관심이 있으면, 모든 교사들이 학교를 운영하는 데 필요한 요구 사항에 맞추어서 끊임없이 사려 깊게 서로 조정을 해 나갈 것입니다. 어떤 관계에서도 마찰과 오해는 피할 수가 없습니다. 그러나 공동 관심사에 대한 애정으로 묶여 있지 않을 때에는 마찰과 오해가 더 과장됩니다.

⁂

올바른 학교의 모든 교사들은 서로 아낌없이 협조해야 합니다. 교직원 전체가 자주 만나서 학교의 여러 가지 문제들을 논의해야 합니다. 그렇게 해서 어떤 실천 계획에 동의를 했을 때에는 그것을 이행하는 데 분명 아무 어려움도 없을 것입니다. 다수가 채택한 결정이더라도 특정 교사가 그에 찬성하지 않는다면, 다음 교사 회의에서 다시 의논할 수 있겠지요.

교장을 두려워하는 교사가 있어서는 안 되고, 교장이 선임 교사들에게 주눅이 들어도 안 됩니다. 모두가 절대적으로 평등하다고 느낄 때에만 행복한 합의가 가능합니다. 이 평등하다는 느낌이 널리 퍼지는 것이 올바른 학교에서는 꼭 필요합니다. 왜냐하면 우월감도 열등감도 없을 때에만 진정한 협동이 있을 수 있기 때문입니다. 상호 신뢰가 있으면 어떤 어려움이나 오해도 그냥 지나치지 않고 제대로 검토해서 신뢰를 회복할 것입니다.

교사들이 자기 직업과 관심에 대해 확신이 없으면 서로 시기하고 적대하기 마련이고, 사소한 일과 쓸데없는 언쟁에 에너지를 낭비하게 될 것입니다. 반면에, 올바른 교육을 구현하는 데 뜨거운 관심이 있을 때에는 짜증이나 어지간한 의견 차이는 신속히 처리될 것입니다. 그러면 막연히 커 보이던 문제들의 비중이 제대로 가늠될 터이고, 알력과 개인적 적대심은 헛되고 비생산적인 것으로 여겨질 것이며, 모든 이야기와 토론은 교사들이 '누가' 옳으냐가 아니라 '무엇이' 옳으냐를 찾아가는 데 도움이 될 것입니다.

공동의 의도를 가지고 같이 일하는 사람들은 어려운 일이나 오해가 생겼을 때 항상 진지하게 그에 대해 토론해야 합니다. 그러면 각자의 생각 안에 있을지 모르는 혼란을 명료하게 하는 데 서로 도움이 되기 때문입니다. 같은 목적에 관심이 있을 때, 교사들은 서로에게 솔직하고 동료애를 느끼며 결코 반목하지 않습니다. 그런 공유된 관심이 없으면, 겉으로는 상호 이익을 위해서 협조하는지 몰라도, 갈등과 반목이 언제나 함께할 것입니다.

교직원들 사이에 마찰을 일으키는 다른 요인들도 물론 있을 겁니다. 어떤 교사는 일을 너무 많이 해서 지쳤을 수도 있고, 다른 교사는 개인적 걱정이나 가족 걱정이 있을 수도 있고, 또 어떤 교사는 하는 일에 별 흥미를 느끼지 못할 수도 있습니다. 분명히, 이 모든 문제들은 교사 회의에서 철저하게 논의해야 합니다. 왜냐하면 상호 이해가 협동을 낳기 때문입니다. 몇 사람이 일을 다 하고 나머지는 뒷전에 앉아 있으면 중요한 일을 해 나갈 수 없을 것이 분명합니다.

일을 고루 나누면 모두에게 여유가 생기고, 모두가 어느 정도 여가를 누릴 수 있어야 합니다. 과로로 지친 교사는 자기 자신에게 그리고 다른 사람에게도 문제가 됩니다. 스트레스를 너무 많이 받으면 무기력하고 나태해지기 쉬운데, 특히 자기가 좋아하지 않는 일을 할 때 더욱 그렇습니다. 육체적으로나 정신적으로 쉬지 않고 활동을 하면 심신의 회복은 불가능해집니다. 이 휴식 문제는 모두가 받아들일 만한 우호적인 방식으로 해결할 수 있을 것입니다.

휴식이 무엇인가는 사람마다 다릅니다. 자기가 하는 일에 대단한 흥미를 느끼는 사람에게는 일 자체가 휴식일 수 있습니다. 관심 있는 일이 예컨대 연구라면, 연구 행위 자체가 휴식의 한 형태입니다. 다른 사람에게는 혼자서 조용히 지내는 것이 휴식일 수도 있겠지요.

교사가 어느 정도 자기만의 시간을 가지려면, 자기가 편안하게 지도할 만한 인원의 학생들에 대해서만 책임을 져야 합니다. 교사가 다룰 수 없을 정도로 많은 학생을 맡아서 그 무게에 짓눌려 있다면, 학생들과 직접적이고 생기 있는 관계를 맺기란 거의 불가능합니다.

이것이 학교들을 작게 운영해야 하는 또 다른 이유입니다. 아주 제한된 수의 학생으로 한 반을 구성해 교사가 학생 하나하나에게 충분히 주의를 기울일 수 있도록 하는 것이 명백히 중요합니다. 반이 너무 크면 교사가 그럴 수 없고, 그러면 처벌과 보상을 손쉬운 방편으로 삼아 규율을 강제하게 됩니다.

올바른 교육을 대량으로 하는 것은 불가능합니다. 아이 한 명 한 명을 잘 알려면 인내심과 민감함, 지혜가 필요합니다. 아이의 성향·적성·기질을 관찰하고, 아이가 어려워하는 것을 이해하고, 유전적 요소와 부모의 영향을 고려해야 합니다. 아이가 어떤 범주에 속한다고 속단해서는 안 됩니다. 이 모든 일을 하려면 어떤 시스템이나 선입관에도 제한을 받지 않는 자유롭고 민첩하고 유연한 마음이 교사에게 있어야 합니다. 교사에게 숙련된 교수 역량과 진지한 관심이 필요하고, 무엇보다도 애정 어린 마음이 필요합니다. 이런 자질을 갖춘 교사를 배출하는 것이 오늘날 우리가 안고 있는 주요한 문제들 가운데 하나입니다.

●

개인의 자유와 지혜의 정신이 학교 전체에 고루 미쳐 항상 스며들어 있어야 합니다. 이것은 운에 맡길 수 있는 일이 아니고, 가끔 어쩌다 '자유'나 '지혜'라는 말을 언급하는 것은 아무 의미가 없습니다.

교사와 학생들이 정기적으로 만나서 전체의 복지와 관련된 모든 일들을 의논하는 것이 특히 중요합니다. 교사 대표도 참석하는 학생회를 조직해야 합니다. 학생회에서는 학칙, 청소, 급식 등의 문제를 자세히 논의해야 합니다. 학생회는 또한 제멋대로 하는 성향이 있는 학생이나 학업에 관심이 없는 학생, 또는 다루기 힘든 학생을 지도하는 데 도움이 될 수도 있습니다.

학생회에서는 결정된 사항을 책임지고 이행할 사람과 총무 일을 도울 사람도 그들 안에서 뽑아야 합니다. 학교에서 자치생활을 하는 것은 결국 나중에 자기 삶을 스스로 다스릴 수 있는 준비를 하는 것입니다. 학교 다니는 동안에 일상생활과 관련된 모든 논의에서 남을 배려하고 자제하면서 지성적으로 임하는 태도를 익힌 아이는 나중에 더 크고 복잡한 삶의 시련에 효과적으로 침착하게 대응할 수 있을 것입니다. 학교에서는 어린이들이 각자의 어려움과 특성, 기분과 성향을 서로 이해하도록 격려해야 합니다. 그러면 자라서 다른 사람들과 더 사려 깊고 참을성 있게 관계를 맺게 될 것입니다.

똑같은 자유와 지혜의 정신이 수업에도 확실히 적용되어야 합니다. 학생들이 자동인형 노릇을 하는 데 그치지 않고 창조적 존재가 되게 하려면, 그들에게 공식이나 결론을 받아들이도록 강요해서는 안 됩니다. 과학을 공부할 때에도 학생과 함께 원리를 따져 보아야 하고, 학생이 문제를 전체적으로 보고 자기 판단력을 쓰도록 도와야 합니다.

그러면 학생 지도는 어떻게 하나요? 어떠한 지도 방침도 없어야 하는 걸까요? 이 질문에 대한 답은 '지도가 무엇을 뜻하는지에 달렸습니다. 교사가 자기 마음속의 모든 두려움과 지배욕을 다 버렸다면 학생들이 창의적인 이해와 자유를 향해 가도록 도울 수 있을 것입니다. 그러나 스스로 의식하든 못 하든 교사에게 자기가 원하는 특정한 목적 쪽으로 학생을 이끌려는 욕망이 있다면, 분명히 학생의 발달을 가로막고 있는 것입니다. 교사 스스로 세운 것이든 다른 사람이 강요한 것이든, 어떤 특정한 목표를 향한 지도는 창의성을 해치게 됩니다.

교사가 자기 선입관이 아니라 개인의 자유를 중요하게 여긴다면, 아이들이 그 자유를 스스로 발견하도록 도울 것입니다. 즉, 학생이 자신의 환경·기질·종교와 가족적 배경을 알고 그런 요소들이 자기에게 끼칠 수 있는 모든 영향과 그 결과들을 스스로 이해하도록 격려함으로써 자유의 발견을 도울 것입니다. 교사 자신의 가슴에 사랑과 자유가 있다면 각 학생의 요구와 어려움을 세심하게 고려하면서 그들에게 다가갈 터이고, 그러면 그들은 어떤 방법론이나 공식에 따라 작동하는 자동인형이 아니라 언제나 주의 깊게 깨어 있는 자발적 인간이 될 것입니다.

올바른 교육은 또한 아이가 스스로 가장 흥미를 느끼는 것을 찾아가도록 도와야 합니다. 누구나 자신의 진정한 천직을 찾지 못하면 원하지 않는 일을 하면서 좌절감을 느낄 것이고, 자기 인생 전부를 헛되게 낭비하고 있다고 느끼게 될 것입니다. 예컨대 예술가가 되고 싶은데 어떤 회사의 사무원이 된다면, 불평하고 한탄하면서 살게 될 것입니다. 그래서 각자가 하고 싶은 일을 찾고 그것이 할 만한 가치가 있는 일인지 알아보는 것이 중요합니다. 남자아이가 군인이 되고 싶어 한다면, 그 경력을 시작하기 전에 군인을 천직으로 삼는 것이 인류 전체에 유익한 일인지 알아보도록 아이를 도와야 합니다.

올바른 교육은 아이의 능력 계발과 아울러, 아이가 자신의 가장 큰 관심사를 이해하는 것 역시 도와야 합니다. 우리는 전쟁과 파괴, 고통으로 찢긴 세상에 새로운 사회 질서를 세우고 다른 생활 양식을 가져올 수 있어야 합니다.

평화로운 개명 사회를 이룰 책임은 주로 교사에게 있습니다. 흥분할 것까지는 없지만, 분명히 교사는 그 사회 개혁을 도모할 아주 대단한 기회를 가지고 있습니다. 올바른 교육은 정부의 정책이나 제도적 수단에 의해서 이루어지는 것이 아니라 우리의 손안에, 부모와 교사의 손안에 있는 것입니다.

●

부모들이 아이들을 진정으로 사랑한다면, 새로운 사회를 만들 것입니다. 그러나 근본적으로 부모들은 대체로 이 가장 절박한 문제에 관심이 없고, 따라서 그에 대해 고민할 시간도 없습니다. 돈벌이를 하고 유흥을 즐기고 예식이나 예배에 들일 시간은 있어도, 자식에게 올바른 교육이 무엇일까를 고민할 시간은 없습니다. 이 사실을 대부분의 사람들은 직시하지 않으려 합니다. 그것을 바로 보게 되면 오락이나 다른 일들을 포기해야 할지도 모르는 터라 한사코 외면하려 듭니다. 그리고 부모만큼이나 아이에게 관심이 없는 교사들이 있는 학교로 아이들을 보내 버립니다. 교사가 관심 가져야 할 이유가 있나요? 이때 가르치는 일이란 교사에게 돈벌이 수단인 직업에 불과한데요.

　우리가 만든 세상의 가림막 뒤를 들여다보면 너무나 천박하고 인공적이고 추악합니다. 그래서 우리는 가림막을 아름답게 꾸며 놓고는 어떻게든 만사형통이기를 바랍니다. 유감스럽게도 대부분의 사람들이 돈을 벌거나, 권력을 추구하거나, 성적인 쾌락을 좇을 때 외에는 삶에 대해서 별로 진지하지 않습니다. 삶의 다른 여러 면들을 직시하고 싶어 하지 않습니다. 아이가 자랐을 때 부모만큼이나 미성숙하고 온전치 못한 것도, 그래서 끊임없이 자기 자신과 갈등하고 세상과 계속 싸우게 되는 것도 그 때문입니다.

우리는 아이들을 사랑한다고 아주 쉽게 말합니다. 그러나 현재의 사회 환경을 용인하는, 이토록 파괴적인 사회를 근본적으로 바꾸고 싶어 하지 않는 우리 가슴 안에 과연 사랑이 있는 걸까요? 전문가들에게 우리 아이들 교육을 맡기는 한, 이런 혼란과 불행은 계속될 것입니다. 전체를 보지 않고 한 부분에만 초점을 맞추는 전문가들 자신이 온전하지 못한 사람들이기 때문입니다.

가장 명예롭고 신뢰할 만한 직업인 교육이 지금은 하찮게 여겨지게 되었고, 교육자들은 대부분이 관행에 젖어 있습니다. 온전함과 지혜로움에 진정으로 관심을 기울이는 게 아니라, 지식 전달에 관심을 두고 있습니다. 주위의 세상이 무너지고 있는데 단순히 지식만 전달하는 사람은 교육자가 아닙니다.

교육자란 그저 지식 전달만 하는 사람이 아닙니다. 지혜와 진리의 길을 가리키는 사람입니다. 진리는 교사보다 훨씬 더 중요합니다. 진리를 추구하는 것이 종교이고, 진리는 어떤 나라나 어떤 교리에 속하는 것이 아니며 사찰, 교회, 또는 모스크에서 찾을 수 있는 것이 아닙니다. 진리를 추구하지 않으면 사회는 곧 부패합니다. 새로운 사회를 이루려면 우리 각자가 진실한 교사가 되어야 합니다. 즉, 우리 모두가 학생이자 스승이 되어야 합니다. 우리 자신을 교육해야 합니다.

새로운 사회 질서를 세우는 일에서, 단지 월급을 벌려고만 가르치는 사람은 교사로서 명백히 설 자리가 없습니다. 교육을 생계 수단으로 여기는 것은 자기 이익을 위해 아이들을 착취하는 것입니다. 개명한 사회에서는 교사들이 자기 복지를 챙기지 않아도 공동체가 그들에게 필요한 것을 제공할 것입니다.

진정한 교육자는 인상적인 학교 건물을 세운 사람이 아니고, 정치인의 도구도 아니며, 어떤 이상향이나 신념 또는 조국에 매인 사람도 아닙니다. 진실한 교육자는 내면이 풍요롭기에 그 자신을 위해서는 아무것도 구하지 않습니다. 야심적이지 않고, 어떤 형태의 권력도 추구하지 않고, 가르치는 것을 지위나 권위를 얻는 수단으로 쓰지 않습니다. 그래서 사회의 압력이나 정부의 지배로부터 자유롭습니다. 개명한 사회에서는 이런 교사들이 문화 창조의 주역이 됩니다. 진정한 문화의 바탕은 엔지니어나 기술자가 아니라 교육자이기 때문입니다.

6

부모와 교사

Parents And Teachers

바른 교육은 교육자로부터 시작됩니다. 교육자가 학생들에게 전하는 것은 교육자 자신이기 때문에, 교육자는 자기 자신을 잘 이해하고 기성의 생각 틀로부터 자유로워야 합니다. 교육자 자신이 올바른 교육을 받지 못했다면 자기가 자라면서 배운 것과 똑같은 기계적인 지식 말고 무엇을 가르칠 수 있겠습니까? 그래서 문제는 아이들이 아니라, 부모와 교사입니다. 교육자를 교육하는 것이 과제입니다.

교육자인 우리가 우리 자신을 이해하지 못하고 아이들과 우리의 관계를 이해하지 못하면서 단지 지식만을 주입하여 시험에 합격하도록 한다면, 어떻게 우리가 새로운 교육을 할 수 있겠습니까? 학생은 지도와 도움을 받기 위해 거기 있는데, 지도하고 도와주는 사람 자신이 혼란 속에 있고 편협하고 국수주의자이거나 이론으로 꽉 차 있다면, 학생들도 자연히 선생처럼 될 것이고 교육은 더 큰 혼란과 어려움의 원천이 될 것입니다.

이 사실을 제대로 본다면, 우리 자신을 올바로 교육하기 시작하는 것이 얼마나 중요한지 깨닫게 될 것입니다. 아이의 미래의 행복과 안전을 염려하기보다 우리 자신의 재교육 문제를 훨씬 더 걱정할 필요가 있습니다.

교육자를 교육한다는 것은, 다시 말해 교육자가 스스로를 이해하게 한다는 것은 가장 어려운 과업 가운데 하나입니다. 왜냐하면 우리 대부분이 이미 어떤 사고 체계나 행동 패턴에 단단히 묶여 있고, 어떤 이데올로기나 종교, 특정한 행위 규범에 우리 자신을 이미 넘겨주었기 때문입니다. 우리가 아이들에게 '어떻게' 생각할 것인가 말고 '무엇을' 생각할 것인가를 가르치는 것도 바로 그 때문입니다.

더욱이, 부모와 교사들은 자신들의 갈등과 슬픔을 달래느라 아주 바쁩니다. 부자든 가난한 사람이든, 대부분의 부모들은 개인적 걱정과 시련으로 여념이 없습니다. 현 사회와 도덕적 타락에는 별 관심 없이, 오직 자기 아이가 이 세상에서 잘 살아갈 능력을 갖추기를 바랄 따름입니다. 아이들의 장래를 걱정하면서 아이가 교육 잘 받아서 안전한 직장을 얻고 결혼 잘하기를 간절히 바랍니다.

일반적인 믿음과는 반대로, 대부분의 부모들은 아이들을 사랑하지 않습니다. 사랑한다 말은 하지만 그렇습니다. 부모들이 자기 아이들을 진정으로 사랑한다면, 인류에 반하여 자기 가족이나 나라가 더 중요하다고 강조하지 않을 것입니다. 왜냐하면 그것이 사회 구성원 사이, 인종 사이에 분열을 일으켜 전쟁과 굶주림을 가져오기 때문입니다. 변호사나 의사가 되려고 할 때에는 엄격한 훈련을 거치면서도, 가장 중요한 이 과업을 수행해야 하는 부모는 전혀 훈련을 받지 않고도 될 수 있다는 것은 참으로 이상한 일입니다.

　가족은 자기를 남으로부터 분리시키려는 성향 때문에 사회로부터 고립되도록 부추길 때가 많고, 따라서 사회 상황을 악화시키는 요인이 되고 있습니다. 사랑과 이해가 있을 때에만 고립의 벽은 무너지고, 그러면 가족이 더 이상 자기만의 닫힌 세계도, 감옥도, 피난처도 아니게 됩니다. 그리고 그때에야 비로소 부모들은 자기 자녀들뿐 아니라 이웃들과도 교감하게 됩니다.

●

　자기 문제로 여념이 없는 많은 부모들이 자녀 행복에 대한 책임을 교사들에게 떠넘깁니다. 이때에는 교사가 부모 교육을 돕는 것이 아이들을 교육하는 것만큼이나 중요합니다.

교사는 부모와 대화하면서 세상의 혼란상이 각 개인의 혼란을 반영하는 것이라고 설명해 주어야 합니다. 과학의 진보만으로는 현재의 가치관을 근본적으로 바꿀 수 없음을 지적해 주어야 합니다. 지금 교육이라고 부르는 기술적 훈련이 인간을 자유롭게 하지도, 더 행복하게 하지도 못하고 있다는 점을 알려 주어야 합니다. 현재의 환경을 그대로 받아들이도록 학생들을 길들이는 것은 학생들이 슬기롭게 자라는 데 아무런 도움도 되지 않는다고 말해 주어야 합니다. 교사는 부모에게 아이를 위해서 자기가 무엇을 하려 하는지, 또 그 일을 어떻게 준비하고 있는지 설명해 주어야 합니다. 마치 무지한 문외한을 다루는 전문가처럼 권위적으로 부모를 대할 게 아니라, 아이의 기질과 아이가 어려워하는 점, 그리고 아이의 적성 등을 함께 이야기하면서 부모의 신뢰를 얻어야 합니다.

교사가 진정한 관심을 가지고 아이를 독립된 개인으로서 대할 때, 부모는 교사를 신뢰하게 될 것입니다. 이 과정에서 교사는, 부모를 교육하면서 그들로부터 배움으로써, 자기 자신도 교육하게 됩니다. 바른 교육이란 서로 인내하고 배려하고 애정으로 대하면서 교사와 부모가 함께 수행해야 할 과제입니다. 깨어난 공동체의 깨어난 교사들은 아이들을 어떻게 교육할 것인가와 관련된 이 문제를 해결할 수 있습니다. 관심 있는 교사와 사려 깊은 부모들은 이 교육 방침을 소규모로 함께 실험해 보아야 합니다.

왜 자식을 가지는지 부모 스스로 물어볼 때가 있을까요? 자기 이름을 잇고 재산을 계속 지키려고 아이를 낳는 걸까요? 그저 자기 기쁨을 위해서, 자신의 정서적 욕구를 채우려고 아이를 원하는 걸까요? 만일 그렇다면, 아이들은 단지 부모의 욕망과 두려움이 투영된 존재에 지나지 않습니다.

자식들에게 그릇된 시기심과 적개심, 야심을 키워 주면서도 과연 아이들을 사랑한다고 주장할 수 있을까요? 전쟁과 파괴와 극심한 고통을 초래하는 국가적·인종적 적대 의식을 자극하는 것이, 종교나 이데올로기라는 이름으로 사람들을 서로 맞서게 하는 것이 과연 사랑일까요?

많은 부모들이 아이가 잘못된 교육에 순종하도록 허용함으로써, 또 부모 자신의 살아가는 방식으로 본을 보임으로써, 아이를 갈등과 슬픔의 길로 이끕니다. 그러고는 아이가 자라서 고통을 겪으면 아이를 위해 기도하거나 아이의 행동에 대해 변명거리를 찾으려 듭니다. 아이 때문에 부모가 겪는 고통은 소유욕에서 비롯한 자기 연민의 한 형태로, 사랑이 없을 때에만 나타나는 것입니다.

자녀를 사랑하는 부모라면 민족주의자가 되지 않을 터이고, 어떤 나라와도 자신을 동일시하지 않을 것입니다. 왜냐하면 조국 숭배는 아이들을 죽이거나 불구로 만드는 전쟁을 가져오기 때문입니다. 아이들을 사랑하는 부모라면 재산을 대하는 올바른 태도를 알아낼 것입니다. 왜냐하면 우리의 소유 본능이 재산에 너무 큰 중요성을 잘못 부여하여 세상을 파괴하고 있기 때문입니다. 자식을 사랑하는 부모라면 제도화된 어떤 종교에도 속하지 않을 것입니다. 왜냐하면 교리와 신념으로 인해서 사람들이 서로 충돌하는 집단으로 갈리고 사람과 사람 사이에 적대감이 생기게 하기 때문입니다. 아이를 진정으로 사랑하는 부모는 더 이상 시기하거나 경쟁하지 않을 터이고, 현재의 사회 구조를 근본적으로 바꾸기 시작할 것입니다.

우리 아이들이 권력을 가지고, 더 높고 좋은 지위를 차지하고, 더욱더 성공하기를 바라는 한, 우리 가슴에는 사랑이 없습니다. 왜냐하면 성공 숭배는 갈등과 비참함을 조장하기 때문입니다. 아이들을 사랑한다는 것은 그들과 완벽히 교감하는 것이고, 아이들이 감수성이 풍부한 슬기롭고 통합된 인격체로 자라는 데 도움이 되는 교육을 받도록 돌보는 것입니다.

◦

교육계에 몸담기로 결정할 때 가장 먼저 던져야 하는 질문은, '나에게 가르침이라는 말의 정확한 의미가 무엇인가?'입니다. 보통 과목을 습관적으로 가르치는 것인가요? 아이들이 사회 구조의 톱니바퀴가 되도록 길들이는 것인가요? 아니면, 그릇된 가치관에 위협이 되는 온전하고 창조적인 사람이 되도록 돕는 것인가요? 학생이 그가 속한 환경의 가치관과 영향들을 검토하고 이해하도록 도우려면, 우선 교사 자신이 그것들을 알아차려야 하지 않을까요? 장님인 사람이 어떻게 다른 사람이 강 건너편에 닿도록 도울 수 있겠습니까.

분명 교사 자신이 먼저 보기 시작해야 합니다. 자기 생각과 느낌을 항상 진지하고 예민하고 주의 깊게 지켜보면서, 자기 행동과 반응들을 잘 살펴서 자신이 어떤 식으로 조건화되어 있는지 알아차려야 합니다. 이렇게 주의 깊게 관찰할 때 지성이 생기고, 교사가 사람들과 사물과 맺는 관계가 근본적으로 바뀝니다.

지성은 시험에 합격하는 것과는 아무 관계도 없습니다. 지성은 사람을 강하고 자유롭게 하는, 즉흥적인 직감입니다. 아이들 안에 지성을 일깨워 주려면, 우리가 먼저 지성이 무엇인지 이해해야 합니다. 우리가 여러모로 비지성적이라면 어떻게 아이들에게 지성적인 사람이 되라고 요구할 수 있겠습니까. 학생들은 물론이고 우리에게도 어려운 문제는 그동안 쌓인 두려움과 슬픔, 좌절에서 우리가 자유롭지 못하다는 것입니다. 아이들이 지혜롭게 자라도록 도우려면, 우선 우리 내면에서 우리를 무디고 어리석게 만드는 이런 장애물들을 극복해야 합니다.

어른인 우리가 개인적 안전을 추구하면서, 어떻게 아이들에게 그것을 좇지 말라고 가르칠 수 있을까요. 부모이며 교사인 우리가 삶에 완전히 열려 있지 않다면, 주위에 보호 장벽을 치고서 그 안에 갇혀 있다면, 아이들에게 무슨 희망이 있겠습니까. 세상에 많은 혼란을 일으키는 이 안전을 위한 싸움의 진정한 의미를 알아내려면, 우리의 심리 과정을 잘 관찰해서 우리의 지성부터 일깨워야 합니다. 그 일의 출발점은 지금 우리를 얽어매고 있는 모든 가치관에 의문을 제기하는 것입니다.

우리가 우연히 그 안에서 자라게 된 틀에 생각 없이 계속 맞추어 살면 안 됩니다. 우리가 우리 자신을 이해하지 못하면 어떻게 개인의 내면에 조화가 있고 따라서 사회에도 조화가 있겠습니까. 교육자가 자신을 이해하지 못하면, 틀에 매인 자기 반응들을 보고 기존 가치관에서 스스로 해방되기 시작하지 않는다면, 어떻게 아이들 안에 지혜를 일깨울 수 있겠습니까. 그리고 아이들 안에 지혜를 깨워 주지 못한다면 교사의 역할이란 무엇이겠습니까?

우리 자신의 생각과 느낌의 습성을 이해할 때에만 우리는 아이들이 자유로운 인간이 되는 것을 정말로 도울 수 있습니다. 이 일에 깊은 관심이 있는 교사는 아이뿐 아니라 자신 또한 예리하게 관찰할 것입니다.

자신의 생각과 느낌을 관찰하는 사람은 별로 없습니다. 자기 생각과 느낌이 불쾌해서 보기 싫을 때에는, 그것들의 의미를 충분히 이해하지 않은 채로 그저 억누르거나 외면하려 듭니다. 우리는 우리 자신을 깊이 이해하지 못하고 있습니다. 우리의 생각과 감정은 판에 박은 듯이 자동적입니다. 우리는 몇 과목을 배워 지식을 좀 쌓고는 그것을 아이들에게 물려주려고 애씁니다.

그러나 우리가 진실로 관심이 있다면, 세계 다른 곳에서 어떤 교육 실험을 하고 있는지 알아보려고 노력할 뿐 아니라, 이 모든 문제에 접근하는 우리의 태도가 아주 명료하기를 바랄 것입니다. 왜, 무엇을 위해 아이들과 우리 자신을 교육하려고 하는지 물을 것이고, 존재의 의미와 개인과 사회의 관계 등을 탐구할 것입니다. 당연히 교사는 이러한 문제들을 인식하고 있어야 하며, 자신의 특성이나 사고 습관을 아이에게 심어 주지 않으면서 아이가 이 문제들에 관한 진실을 찾아가도록 도와야 할 것입니다.

정치적이든 교육적이든 단순히 한 시스템을 따르는 것으로는 우리의 여러 사회 문제를 절대로 해결할 수 없습니다. 어떤 문제 자체를 이해하는 것보다 그 문제에 접근하는 우리의 태도를 이해하는 것이 훨씬 더 중요합니다.

•

아이들이 두려움, 즉 부모나 주위 환경, 신에 대한 두려움에서 자유로워지려면 교육자 자신이 두려움이 없어야 합니다. 그러나 그게 어려운 점입니다. 아무 두려움에도 잡혀 있지 않은 교사를 찾기가 어렵습니다. 두려움이 생각의 폭을 좁히고 주도적인 행동을 제약하기 때문에, 두려워하는 교사가 두려움 없는 삶의 깊은 의미를 전할 수 없는 것은 당연합니다. 선량함과 마찬가지로 두려움도 전염됩니다. 교사에게 남모르는 두려움이 있으면, 당장 눈에 보이지는 않더라도 그 두려움을 학생들에게 전염시킬 것입니다.

예를 들어 교사가 여론을 두려워한다고 합시다. 그는 자기 두려움이 어리석은 줄 알면서도 그것을 극복하지 못합니다. 이 교사가 어떻게 하면 좋을까요? 적어도 그 불안을 스스로 인정할 수는 있겠지요. 그리고 자신의 심리적 반응을 제시하고 학생들과 그에 대해 공개적으로 토론함으로써 학생들이 두려움을 이해하도록 도울 수 있을 것입니다. 이러한 솔직하고 진지한 접근법은 학생들도 똑같이 자신들과 교사에게 솔직해지도록 하는 데 큰 도움이 될 것입니다.

아이들에게 자유를 주려면, 교사 자신이 자유라는 말에 담긴 여러 뜻과 자유의 깊은 의미를 충분히 알아야만 합니다. 어떤 한 본보기를 보여 주고 그것을 따르라고 강요하는 것은 어떤 식으로든 자유를 가져올 수 없고, 자유가 있을 때에만 자기 발견과 통찰이 있을 수 있습니다.

아이는 주위 사람들과 사물에서 영향을 받습니다. 올바른 교사는 아이들이 미처 인식하지 못하는 그러한 영향들을 깨닫고 그 참된 가치를 가늠할 수 있도록 도와주어야 합니다. 올바른 가치관은 사회나 전통의 권위를 통해 발견할 수 있는 것이 아니라, 오로지 개인의 깊은 사색을 통해서만 드러나는 것입니다.

이 점을 깊이 이해하는 교사는 오늘날의 개인적·사회적 가치관에 대한 학생의 통찰력을 처음부터 일깨워 줄 것입니다. 학생이 특정한 가치 체계가 아니라 모든 것의 진정한 가치를 탐색하도록 격려할 것입니다. 교사는 학생이 교사나 가족이나 사회 등의 모든 지배에서 자유로울 수 있도록, 그래서 아무 두려움 없이 사랑과 선량함으로 꽃필 수 있도록 도와야 합니다. 이렇게 학생이 자유로워지도록 돕다 보면, 교사 자신의 가치관 역시 바뀝니다. 교사도 '나'와 '내 것'에서 벗어나기 시작해, 역시 사랑과 선량함으로 꽃피게 됩니다. 이러한 상호 교육의 과정은 교사와 학생 사이에 전혀 다른 관계를 빚어냅니다.

●

어떤 종류의 것이든 억압과 강요는 자유와 지성을 적극적으로 막는 장애물입니다. 올바른 교육자는 사회에서 어떤 권위도 권력도 누리지 않으며, 사회가 가하는 압력이나 제재가 미치지 않는 곳에 있습니다. 학생이 스스로 만들었거나 환경이 부여한 장애물들에서 벗어나 자유로워지도록 도우려면, 모든 형태의 강제와 지배를 이해하고 제거해야 합니다. 이 일은 사람을 불구로 만드는 모든 권위로부터 교사 역시 자유로워야 가능합니다.

아무리 훌륭하다 하더라도 뭔가 다른 것을 따르는 것은 자아의 타성을 발견하는 데 방해가 됩니다. 어떤 기성품 유토피아의 약속을 뒤쫓다 보면 위로와 권위, 다른 사람에게 의지하고 싶은 욕망 안에 우리 마음이 갇혀 버린다는 사실을 우리 마음이 전혀 알아채지 못하게 됩니다. 성직자, 정치인, 법률가, 군인들은 모두 우리를 "도와주기 위해서" 있습니다. 그러나 그런 도움은 지혜와 자유를 파괴합니다. 우리에게 필요한 도움은 우리 밖에 있지 않습니다. 우리는 도움을 구걸하며 다닐 필요가 없습니다. 맡은 일을 겸손한 마음으로 헌신적으로 하고, 일상의 귀찮은 일들과 뜻하지 않은 사건들을 열린 마음으로 이해할 때, 도움은 우리가 찾지 않아도 옵니다.

우리는 지지와 격려에 대한 의식적·무의식적 갈망을 끊어

버려야 합니다. 왜냐하면 그런 갈망은 항상 그에 적합한 반응을, 다시 말해 만족감을 우리 마음속에 일으키기 때문입니다. 우리를 격려하고, 이끌고, 위로해 주는 누군가가 있으면 위안이 됩니다. 그러나 다른 사람을 안내자나 권위자로 받들면서 의지하는 이런 습관은 머지않아 우리 체제에 독이 됩니다. 지도를 바라면서 다른 사람에게 의존하는 순간, 개인의 자유와 지혜를 일깨우겠다던 본래의 우리 목적을 잃어버리게 됩니다.

모든 권위는 장해물입니다. 교사는 절대로 학생들에게 권위자가 되어서는 안 됩니다. 권위를 쌓아 가는 과정은 의식적이기도 하고 무의식적이기도 합니다.

학생들이 확신 없이 이것저것 탐색 중인 반면에, 교사는 자기 지식에 확신이 있고 자기 경험에 강한 자신감을 가지고 있습니다. 교사의 이 힘과 확실성이, 그 빛 속에 쉽게 안주하는 학생들에게는 확신을 줍니다. 그러나 이런 확신은 오래가지도 않고 진실한 것도 아닙니다. 알게 모르게 의존성을 부추기는 교사는 학생들에게 절대로 큰 도움이 되지 못합니다. 자기가 아는 것으로 학생들을 압도하고 개성으로 학생들을 감탄시킬 수도 있겠지만, 그런 사람은 올바른 교육자가 아닙니다. 왜냐하면 그의 지식과 경험은 그의 중독이고, 안전망이고, 그의 감옥이기 때문입니다. 그 자신이 그것들에서 자유로울 때까지는 학생들이 통합된 인간으로 자라도록 도울 수 없습니다.

올바른 교육자가 되려면, 교사는 읽은 책과 실험실에서 얻은 것으로부터 계속해서 자신을 자유롭게 해야 하고, 학생들이 자기를 모범이나 이상형, 또는 권위자로 여기지 않도록 항상 조심해야 합니다. 교사가 학생들을 통해서 자기만족을 얻으려 할 때, 학생의 성공이 자기 성공일 때, 그의 가르침은 자기 연장이고, 그것은 자기 이해와 자유를 방해합니다. 올바른 교사는 이런 장애물을 잘 알아차려서, 학생들이 교사의 권위에서 자유롭도록, 또한 학생 스스로 자아를 어떤 틀 안에 가두는 목표를 추구하는 일이 없도록 도와야 합니다.

유감스럽게도, 어떤 문제를 이해하려 할 때 대부분의 교사는 학생들을 대등한 짝으로 대하지 않습니다. 우월한 위치에서 저 밑에 있는 학생들에게 지시를 합니다. 이런 관계는 교사와 학생 둘 다를 더 불안하게 할 뿐입니다. 이런 불평등한 관계는 왜 생기는 걸까요? 교사가 자기 본모습이 드러나는 것을 두려워하기 때문일까요? 교사가 자기의 약한 면은 감추고 자기의 고귀함은 지키려고 학생들로부터 근엄하게 거리를 두기 때문일까요? 상급자처럼 구는 이런 고고한 태도는 사람들 사이를 갈라놓는 벽을 부수는 데 아무런 도움도 되지 않습니다. 교사와 학생들은 힘을 모아 서로를 교육하고 있다는 점을 기억해야 합니다.

모든 관계는 상호 교육이어야 합니다. 지식, 성취, 야망에서 비롯한 자기 보호적인 고립은 단지 시기와 적대감을 낳을 뿐이므로, 올바른 교육자는 자기 주위에 둘러친 이 벽들을 뛰어넘어야 합니다.

올바른 교육자는 오로지 한 사람 한 사람의 자유와 온전함에 헌신하기 때문에, 근본적으로 또 진정으로 종교적입니다. 어떤 특정한 종파나 조직화된 종교에 속하지 않아서 교리나 종교적 예식에서 자유롭습니다. 왜냐하면 교리나 예식은 그것을 만든 사람들의 욕망이 투영된 환상이고 공상이고 미신이라는 것을 알기 때문입니다. 그는 자기 이해가 있고 따라서 자유가 있을 때에만 실체 또는 신이 드러난다는 것을 압니다.

학위가 없는 사람들이 종종 가장 훌륭한 교사가 되기도 합니다. 새로운 것을 기꺼이 시도하기 때문입니다. 전문가가 아닌 사람들로서, 그들은 삶을 이해하고 배우는 데 흥미가 있습니다. 진정한 교사에게 가르친다는 것은 기술이 아니라 삶의 방식입니다. 위대한 예술가처럼, 그는 창조적인 일을 포기하느니 차라리 굶주립니다. 가르치고 싶은 이런 열망이 없는 한 교사가 되어서는 안 됩니다. 그저 생계 수단을 찾아 교육계에 흘러 들어올 게 아니라, 자신에게 그런 천품이 있는지 알아내는 것이 무엇보다 중요합니다.

가르치는 것이 헌신적인 천직이 아니라 단지 직업, 생계를 위한 수단에 불과하면, 자신과 세상 사이에 큰 간극이 생기기 마련입니다. 가정생활과 직장 생활이 서로 분리되어 별개의 것이 됩니다. 다른 것처럼 교육이 단지 직업에 지나지 않는 한, 개인이나 사회 각 계층 사이의 갈등과 대립은 피할 수 없습니다. 경쟁이 더 심해지고, 개인적 야심이 더 무자비하게 추구되고, 적대심과 끝없는 전쟁을 가져오는 민족적·인종적 분열이 강화될 것입니다.

그러나 우리가 올바른 교육자가 되는 데 몸을 바친다면, 우리의 가정생활과 학교생활 사이에 장벽이 생기지 않을 것입니다. 왜냐하면 우리는 어디에 있거나 자유와 지혜에 관심을 쏟을 것이기 때문입니다. 우리는 부잣집 아이나 가난한 집 아이를 동등하게 대하고, 아이 하나하나를 특유한 기질과 유전적 요인과 꿈 들을 가진 독립된 개인으로 대할 것입니다. 우리는 계급, 즉 힘 있는 사람인가 약한 사람인가에 관심이 없고, 오로지 개인의 자유와 온전함에 관심을 둘 따름입니다.

참된 교육에 대한 헌신은 전적으로 자발적인 것이어야 합니다. 누군가의 설득 때문에, 또는 개인적 이익을 바라는 마음 때문에 교사가 되어서는 안 됩니다. 성공과 성취를 갈망할 때 따라오는 불안이 없어야 합니다. 학교의 성공과 실패를 자기와 동일시하는 것은 아직도 개인적인 동기 수준에 머물러 있는 것입니다. 가르치는 것이 자신의 소명이라면, 올바른 교육이 사람들에게 꼭 필요하다고 여긴다면, 자신이나 다른 사람의 야망 때문에 방해를 받거나 어떤 식으로든 샛길로 빠지는 일이 없도록 스스로를 다잡을 것입니다. 보상이나 명예, 명성을 추구하지 않고 가르칠 시간과 기회를 찾아 그 일을 시작할 것입니다. 그러면 다른 모든 일들, 즉 가족, 개인적 안전, 안락함 등은 그만큼 덜 중요해집니다.

우리가 진심으로 올바른 교사가 되려고 한다면, 특정한 교육

시스템이 아니라 모든 시스템에 전적으로 불만을 느낄 것입니다. 왜냐하면 어떤 교육 방법도 인간을 자유롭게 할 수 없다는 것을 알기 때문입니다. 방법, 다시 말해 시스템은 각기 다른 가치 체계로 사람들에게 멍에를 씌울 뿐, 인간을 자유롭게 하지는 못합니다.

각자의 마음이 항상 만들어 내는 저마다에 특유한 시스템에도 빠지지 않도록 아주 주의해야 합니다. 행동을 안내하는 틀이 있으면 편리하고 안전하기 때문에 마음은 공식을 만들고 그 안에 안주합니다. 항상 정신을 차리고 지내려면 힘들고 성가시지만, 어떤 틀을 개발해 그에 따르면 생각할 필요가 없습니다.

반복과 습관은 마음을 나태하게 만듭니다. 나태해진 마음을 일깨우려면 충격이 필요하고 그 충격을 우리는 문제라고 부릅니다. 우리는 진부한 설명과 정당화, 비난을 통해 문제를 해결하려 애쓰는데, 그것들은 우리 마음을 다시 잠들게 합니다. 마음이 이런 게으름에 항상 빠지기 때문에, 올바른 교육자는 자기 안의 나태한 마음에 종지부를 찍을 뿐 아니라 자기 제자들에게도 그 위험성을 일깨워 주어야 합니다.

"어떻게 하면 올바른 교육자가 됩니까?"라고 묻는 분이 혹시 계실지 모르겠습니다. "어떻게"라고 묻는 마음은 분명 자유로운 마음이 아니라 이익이나 결과에 연연하는 소심한 마음입니다. 무엇이 되려는 바람과 노력은 바라는 결과에 마음을 끼워 맞출 따름입니다. 그 반면에, 자유로운 마음은 항상 주의 깊게 관찰하고 배우기 때문에 자신이 만들어 낸 장해물을 극복할 수 있습니다.

자유는 처음부터 있는 것이지 끝에 가서 얻어지는 것이 아닙니다. "어떻게"라고 묻는 순간 넘을 수 없는 난관에 처하게 됩니다. 교육에 평생 헌신하려는 교사는, 누군가를 올바른 교육자로 만들어 줄 방법 따위는 없다는 사실을 아는 터라, 절대로 그런 질문을 하지 않을 것입니다. 생생한 흥미를 가진 사람은 원하는 결과를 보증해 줄 방법을 요구하지 않습니다.

시스템이 우리를 지혜롭게 만들 수 있을까요? 학위를 받는 등 일정한 시스템을 거쳤다고 합시다. 그때 우리는 교육자일까요, 아니면 시스템의 화신에 불과할까요? 보상을 바라고 뛰어난 교사라는 말을 듣고 싶어 하는 것은 인정과 칭찬을 받기를 갈망하는 것입니다. 좋게 평가받고 격려를 받는 것은 때로는 기분 좋은 일이지만, 자신의 흥미를 지속시키기 위하여 그에 의지한다면 그것은 마약이 되어 사람을 곧 지치게 만듭니다. 좋은 평가와 격려를 기대하는 것은 아주 미숙한 태도입니다.

새로운 것을 창조하려면 말다툼이나 논쟁 말고 예민함과 활력이 필요합니다. 자기가 하는 일에 좌절감을 느끼면 대체로 지루해지고 피곤해집니다. 흥미를 잃은 사람은 분명히 계속 가르쳐서는 안 됩니다.

그런데 생생한 흥미를 잃는 교사가 왜 그렇게 많은 걸까요? 왜 우리는 좌절감을 느끼게 되는 것일까요? 좌절은 주변 여건에 의해 이런저런 것을 하라는 강요를 당해서 생긴 결과는 아닙니다. 좌절은 우리 스스로가 정말로 하고 싶은 일을 알지 못할 때 생깁니다. 혼란에 빠진 우리는 이리저리 방황하다가 결국에는 전혀 흥미를 못 느끼는 일을 하게 됩니다.

가르치는 것이 우리의 진정한 천직이라고 할지라도, 현 교육 체제의 혼란에서 빠져나갈 길이 아직 보이지 않는 탓에 일시적으로 좌절감을 느낄 수도 있을 것입니다. 그러나 올바른 교육에 내포된 의미를 보고 이해하는 순간, 우리는 필요한 모든 추진력과 열정을 되찾게 될 것입니다. 그것은 의지나 결심의 문제가 아니고 지각과 이해의 문제입니다.

가르치는 것이 천직인 사람, 올바른 교육의 크나큰 중요성을 지각하는 사람은 올바른 교사가 될 수밖에 없습니다. 어떤 방법도 따를 필요가 없습니다. 개인의 자유와 완성을 성취하려면 올바른 교육이 불가결하다는 깨달음 자체가 사람의 내면에 근본적 변화를 가져옵니다. 올바른 교육을 통해서만 인간에게 평화와 행복이 올 수 있다는 것을 알게 된 사람은, 자연스럽게 올바른 교육에 자신의 삶과 관심 전체를 바치게 될 것입니다.

아이들의 내면이 풍요롭기를, 그래서 아이들이 재물의 가치를 제대로 가늠하는 사람이 되기를 바라기 때문에 우리는 가르칩니다. 내면이 풍요롭지 못하면 세속적인 것들이 터무니없이 중요해지고, 그런 착각이 온갖 파괴와 고통으로 우리를 이끕니다. 학생들이 자기 천직을 찾아가도록 돕기 위해, 또 사람들 사이에 적대감을 부추기는 직업을 피하도록 격려하기 위해 우리는 가르칩니다. 젊은이들이 평화와 지속적인 행복을 가져다주는 자기 이해에 도달하도록 도우려고 우리는 가르칩니다. 가르친다는 것은 자기 성취가 아니라 자기 극복입니다.

올바른 교육을 받지 못하면 허상을 실체로 잘못 보게 되어서 내면에 늘 갈등이 있고, 그러면 다른 사람들과도 갈등 관계에 놓이게 되는데 그것이 곧 사회입니다. 조직된 종교의 교리나 예식이 아니라 자기에 대한 깨달음만이 마음의 평안을 가져오고, '나'와 '내 것'을 초월할 때에만 창조와 진실이 있고 신이 드러난다는 것을 알기 때문에 우리는 가르칩니다.

7

성과 결혼

Sex and Marriage

사랑의 열정과 성적 충동에 관한 문제는 인간의 여느 문제들과 마찬가지로 복잡하고 어렵습니다. 교사 스스로 그 문제에 담긴 여러 의미들을 깊이 탐구하고 이해하지 않았다면, 어떻게 자신이 가르치는 학생들을 도울 수 있겠습니까. 부모나 교사 자신이 성에 대해 혼란에 빠져 있다면, 어떻게 아이를 지도할 수 있겠습니까. 우리 자신이 이 문제의 전반적인 중요성을 이해하지 못하면서 아이들을 도와줄 수 있을까요? 교사가 성에 대한 이해를 학생들에게 전하는 태도는 교사 자신의 마음 상태에 달려 있습니다. 즉, 그가 성적 욕구를 우아하고 침착하게 다루는지, 아니면 자신의 정욕에 마음을 빼앗기고 있는지에 달려 있습니다.

그런데 성은 왜 우리 대부분에게 혼란과 갈등으로 가득 찬 문제일까요? 왜 우리 삶을 지배하는 요인이 되었을까요? 주요한 이유 중 하나는 우리가 창조적이지 않다는 것입니다. 그리고 우리가 창조적이지 못한 것은 우리의 사회·도덕 문화 전반이 교육 방법과 마찬가지로 오로지 지능 계발에 기반을 두고 있기 때문입니다. 성 문제 해결의 길은 창조가 지능의 작용을 통해서 일어나는 것이 아님을 이해하는 데 있습니다. 오히려, 지능이 잠잠할 때에만 창조가 있습니다.

그 자체가 마음이기도 한 지능은 기억을 되살리고 반복할 수만 있어서, 이미 아는 말들을 재정리해서 새로운 말을 계속 만들어 냅니다. 우리 대부분은 뇌를 통해서만 느끼고 경험을 하기 때문에, 오로지 말들에 기대어 기계적으로 그것들을 되뇌면서 삽니다. 이것은 분명히 창조적인 삶이 아닙니다. 우리가 이렇게 창조적이지 못하다 보니 우리에게 창조성을 발휘할 수 있는 수단으로 남은 것은 성뿐입니다. 그러면 성이 마음의 문제로 바뀌어 버리고, 마음은 자기가 원하는 것을 충족하지 못하면 좌절합니다.

우리의 생각과 삶은 가볍고 건조하고 무의미하고 공허합니다. 정서적으로는 굶주리고, 종교나 지성 면에서는 같은 일을 되풀이하면서 우둔해지고, 사회·정치·경제적으로는 심하게 통제당하고 있습니다. 우리는 행복한 사람들이 아닙니다. 생동감이 넘치지도 즐겁지도 않습니다. 집에서, 직장에서, 교회에서, 학교에서 창조적인 존재의 경지를 경험하지 못하는 우리는 일상의 생각과 행동에서 깊은 해방감을 느끼지 못합니다. 모든 면에서 속박당하고 갇혀 있는 우리에게, 성은 자연스럽게 유일한 탈출구가 됩니다. 성이 자아를 잊었을 때 오는 행복감을 순간적으로 우리에게 주기 때문에 우리는 그 체험을 다시 찾고 또 찾습니다. 문제가 되는 것은 성 자체가 아닙니다. 성이나 그 밖의 것에서 얻은 쾌락을 거듭 되찾아 행복한 상태를 지속하려는 욕망이 문제를 일으킵니다.

우리가 정말로 찾는 것은 이 망아忘我 상태에서 느끼는 강렬한 열정입니다. 그 안에서 우리 자신을 완전히 잊게 해 줄 무언가와 하나가 되는 것입니다. 자아는 작고 보잘것없고 고통의 원천이기 때문에, 우리는 의식적으로나 무의식적으로, 개인적이거나 집단적인 흥분 속에서, 고답적인 사상이나 저속한 관능 안에서 자아를 잊어버리고 싶어 합니다.

자아로부터 도피하려 할 때에는 그 수단이 아주 중요한데, 그래서 그 수단이 또 우리에게 고통스러운 문제가 되어 버립니다. 자아로부터 자유로울 때 오는 창조적인 삶을 가로막는 장애물들을 살펴보고 이해하지 않는 한, 우리는 성의 문제를 이해하지 못할 것입니다.

창조적인 삶을 방해하는 것 중 하나가 두려움이고, 체면 차리기는 그 두려움의 명시적 표현 가운데 하나입니다. 도덕에 매여 사는 고상한 사람들은 삶의 깊은 의미를 온전히 깨닫지 못합니다. 그들은 스스로 세운 고결함의 벽들 안에 갇혀 그 너머를 보지 못합니다. 이상과 종교적 신념이라는 색유리를 통과한 그들의 도덕성은 실제와는 아무 관계가 없습니다. 그런 도덕성 뒤에 숨는 한, 그들은 스스로 만든 환상의 세계에서 살아가는 것입니다. 스스로 만족스럽게 여겨 선택한 도덕률에 따라 살면서도, 고상한 사람들 역시 혼란과 고통과 갈등에 빠져 있습니다.

안전해지고 싶은 우리 욕망의 결과인 두려움 때문에 우리는 순종하고, 모방하고, 지배에 복종하면서 살게 됩니다. 따라서 두려움은 창조적인 삶을 가로막습니다. 창조적으로 산다는 것은 두려움 없이 자유롭게 사는 것입니다. 그런 창조적 상태는 마음이 욕망에 잡혀서 그것을 충족하는 데 휘말려 있지 않을 때 가능합니다. 우리 자신의 가슴과 마음을 섬세하게 주시할 때에만 우리 욕망의 숨은 타성을 밝힐 수 있습니다. 우리의 생각과 애정이 깊을수록 욕망이 마음을 덜 지배하게 됩니다. 사랑이 없을 때에만 감각적 쾌락이 절실한 문제가 됩니다. 이 감각적 쾌락의 문제를 이해하려면 어느 한 방면이 아니라 교육, 종교, 사회, 도덕 등 모든 방면에서 그것에 접근해야 합니다. 감각은 우리에게 거의 유일하게 중요한 것이 되었는데, 그것은 우리가 유물론적 가치를 압도적으로 강조해 왔기 때문입니다.

책을 통해서, 광고를 통해서, 영화를 통해서, 그리고 다른 여러 가지 방법으로 감각의 다양한 측면이 끊임없이 강조되고 있습니다. 호화판 정치·종교 행사, 극장을 비롯한 여러 형태의 오락들, 이 모든 것이 우리 존재의 여러 차원에서 감각적 자극을 찾도록 우리를 부추기고 우리는 그 부추김을 즐깁니다. 한쪽에서는 가능한 모든 방법으로 관능적인 것을 개발하고, 다른 한쪽에서는 순결의 이상을 높이 치켜둡니다. 이러한 모순이 우리 안에 쌓이고, 이상하게도, 바로 이 모순이 우리에게는 자극으로 다가옵니다.

감각적 쾌락의 추구가 우리 마음의 주요한 활동 가운데 하나라는 사실을 이해할 때에만 쾌락, 흥분, 그리고 폭력이 우리 삶에서 더 이상 가장 두드러진 특징이 아니게 됩니다. 우리 마음에 사랑이 없기 때문에 성, 즉 감각적 쾌락의 추구가 절실한 문제가 되었습니다. 사랑이 있을 때 순결이 있습니다. 순결하려고 애쓰는 사람은 순결하지 않습니다. 덕성은 있는 그대로를 이해할 수 있는 자유와 함께 옵니다.

젊을 때 우리는 강한 성적 충동을 느끼는데, 대개는 그 욕구를 억누르거나 수련으로 통제하려고 애씁니다. 어떤 식으로든 제재를 가하지 않으면 우리가 걷잡을 수 없는 호색한이 되리라고 생각하기 때문이지요. 기성 종교들은 우리의 성도덕을 아주 걱정스러워합니다. 하지만 우리가 애국심이라는 이름으로 폭력과 살인을 계속하는 것은, 질투하고 교활하게 잔인한 짓을 하는 것은, 또 권력과 성공을 탐하는 것은 묵인하고 있습니다. 그들은 왜 착취나 탐욕, 전쟁은 비난하지 않으면서 이 특정한 도덕 문제에 그토록 관심을 기울이는 걸까요? 그것은 우리가 만든 환경의 일부인 조직화된 종교의 생존 자체가 우리의 불안과 희망, 우리의 시기심과 분리주의적 태도에 달려 있기 때문이 아닐까요? 다른 모든 분야와 마찬가지로 종교 분야에서도, 마음은 자기 욕망의 투사체 안에 갇혀 있습니다.

●

욕망의 작동 과정 전체를 깊이 이해하지 못하는 한, 동양과

서양을 막론하고, 현재의 결혼 제도는 성 문제에 대한 답을 줄 수 없을 것입니다. 사랑은 소정의 양식에 서명하고 쾌락과 안전과 안락을 서로 주고받는다고 생기는 것이 아닙니다. 그 것들은 모두 마음에 속한 것이며, 우리 삶에서 사랑이 그토록 작은 자리밖에 차지하지 못하고 있는 것도 바로 그 때문입니다. 사랑은 마음에서 오는 것이 아닙니다. 사랑은 교활한 계산으로 자기 보호를 위해 요구하고 반응하는 사고 작용으로부터 완전히 독립해 있습니다. 사랑이 있을 때에는 성이 절대로 문제가 되지 않습니다. 사랑이 없을 때 문제가 생깁니다.

문제 삼아야 하는 것은 방해하거나 도피하는 마음이지, 성이나 그 밖의 어떤 특정한 사항이 아닙니다. 그래서 마음이 어떻게 좋으면 당기고 싫으면 밀어내는지, 아름다움과 추한 것에 어떻게 반응하는지, 그 과정을 이해하는 것이 중요합니다. 우리는 우리 자신을 잘 관찰해야 합니다. 우리가 다른 사람들을 어떻게 여기는지, 우리가 남자와 여자를 어떻게 보는지 알아차려야 합니다. 가족을 자기 영향력을 부풀리고 자기 영속화를 꾀하는 도구로 이용할 때, 가족이 분리주의와 반사회적 행동의 온상이 된다는 것을 알아야 합니다. 욕망을 추구하면서 점점 편협해지는 자아를 중심으로 가족과 재산이 돌아갈 때, 그것들은 권력과 지배의 도구가 되고 개인과 사회 사이에 갈등을 낳는 원천이 됩니다.

이 모든 인간적 문제들을 다룰 때의 난점은, 부모요 교사인 우리가 완전히 지치고 절망하고 혼란스럽고 평화롭지 않다는 것입니다. 삶의 무게에 짓눌린 우리는 위로받고 싶어 하고 사랑받기를 바랍니다. 우리 자신의 내면이 이렇게 가난하고 메마른 판에, 어떻게 아이들에게 바른 교육 할 수 있기를 바랄 수 있겠습니까.

그래서 교육의 주요 문제는 학생이 아니라 교사인 것입니다. 다른 사람을 가르칠 수 있으려면 우리 가슴과 마음이 깨끗해져야 합니다. 교사 자신이 혼란스럽고 비뚤어지고 욕망의 미로에서 헤매고 있다면, 바른 길을 가는 데 도움이 되는 지혜를 어찌 다른 사람에게 나누어 줄 수 있겠습니까. 하지만 우리는 전문가가 알아서 고칠 수 있는 기계가 아닙니다. 우리는 기나긴 일련의 여러 영향과 우연의 산물이며, 따라서 우리 각자가 자신의 본성에 관한 혼란을 스스로 해명하고 이해해가야 합니다.

8

예술, 아름다움 그리고 창조

Art, Beauty and Creation

●

우리 대부분은 끊임없이 자신으로부터 도피하려고 애를 씁니다. 예술은 존경받을 만하면서도 쉬운 도피 수단을 제공하기 때문에 많은 사람들의 삶에서 중요한 역할을 하고 있습니다. 자기를 잊고 싶은 마음에서 어떤 사람들은 예술에 의지하고, 다른 사람들은 술에 손을 대고, 또 다른 사람들은 신비하고 환상적인 종교 교리를 따릅니다.

어떤 것을 자신으로부터 도피하는 수단으로 이용할 때, 우리는 알게 모르게 그 수단에 탐닉하게 되어 버립니다. 사람을, 시를, 아니면 원하는 다른 무언가를 걱정과 불안에서 벗어나게 해 줄 수단으로 삼아 의지하면, 잠깐은 위안이 될지 몰라도, 결국 우리 삶에 갈등과 모순을 더할 뿐입니다.

갈등이 있는 곳에는 창조성이 발휘될 여지가 없습니다. 따라서 올바른 교육은 도피 수단을 미화할 것이 아니라 각 개인이 자기 문제를 직시하도록 도와야 합니다. 그래서 갈등을 이해하고 제거할 때에만 창조성이 발휘될 여지가 생겨나기 때문입니다.

삶과 동떨어진 예술은 별 의미가 없습니다. 예술이 우리 일상생활과 분리될 때, 캔버스나 대리석 또는 언어를 통한 우리의 노력과 우리의 본능적 삶 사이에 간극이 있을 때, 예술은 단지 있는 그대로의 실체로부터 도피하려는 우리 욕구의 피상적인 표현이 되어 버립니다. 이 간극에 다리를 놓는 것은 매우 힘든 일입니다. 특히 재능 있고 기술적으로 뛰어난 사람에게는 더 어려울 것입니다. 그러나 이 간극이 메워졌을 때에만 우리의 삶은 통합되고, 예술은 우리 자신의 통합적 표현이 됩니다.

●

마음은 환상을 지어내는 힘이 있습니다. 그래서 마음이 어떻게 움직이는지를 이해하지 못한 채로 영감을 추구하면 자기기만을 초래하게 됩니다. 영감은 우리가 그것에 열려 있을 때 오는 것이지, 우리가 구한다고 오는 것이 아닙니다. 어떤 식으로든 자극을 통해서 영감을 얻으려고 시도하면 온갖 망상에 빠지게 됩니다.

존재의 의미를 깨닫지 못하면, 타고난 역량과 재능을 자기를 내세우고 자기 욕망을 강화하는 데 쓰게 됩니다. 그러면 자기중심적이고 배타적인 성향을 띠게 되어 자기를 외떨어진 존재, 우월한 존재로 느끼게 됩니다. 이 모든 것이 많은 해악을 낳고 끝없는 경쟁과 고통을 초래합니다. 자아는 서로 대립하는 여러 존재들의 꾸러미입니다. 자아란 갈등하는 욕망들의 전쟁터이고, '내 것'과 '내 것 아닌 것'의 끊임없는 싸움터입니다. 우리가 자아, 즉 '나'와 '내 것'을 중시하는 한 우리 내면과 외부 세계에서 갈등은 점점 늘어날 것입니다.

진정한 예술가는 자아의 허영심과 야심을 뛰어넘은 사람입니다. 눈부신 표현력을 가졌다 하더라도 마음이 세속적 관행에 매여 있으면, 그의 삶은 모순과 충돌로 점철될 것입니다. 칭찬과 아첨을 너무 진지하게 받아들이면, 자아는 부풀고 감수성은 파괴됩니다. 성공 숭배는 어느 분야에서나 분명히 지혜를 해칩니다.

고독을 지향하거나 자기도취에 빠지는 성향이나 재능은, 아무리 자극적일지라도, 감성을 왜곡하고 결국 마비시킵니다. '나'와 '내 것'을 강조하면서 '내'가 그리고, '내'가 쓰고, '내'가 발명한다는 식으로 재능을 사적인 것으로 돌리면 감수성은 무디어집니다. 사람, 사물, 자연과 관계를 맺을 때 우리 안에서 일어나는 생각과 느낌의 움직임 하나하나를 알아차릴 때에만 우리의 마음은 열리고, 유연해지고, 자기방어의 강박과 야심의 고삐에서 풀려납니다. 오직 그때에만 우리는 자아에 방해를 받지 않으면서 추한 것과 아름다운 것에 민감해질 수 있습니다.

　　　　　　　　　　　·

아름다운 것과 추한 것에 대한 감수성은 집착을 통해서 오지 않습니다. 감수성은 사랑과 함께 옵니다. 자아가 스스로 만들어 낸 갈등이 없을 때 사랑과 함께 옵니다. 가슴이 텅 비었을 때, 우리는 온갖 겉치레에 몰두하고 재산, 권력, 소유물에 탐닉합니다. 가슴이 텅 비었을 때, 우리는 물건들을 모읍니다. 경제적 여유가 있으면, 아름답다고 여기는 것들로 우리 주위를 둘러쌉니다. 우리가 그 물건들에 막대한 중요성을 부여했으니까, 그로 인한 여러 불행과 파괴에 대한 책임도 우리에게 있습니다.

　소유하려는 마음은 아름다움에 대한 사랑이 아닙니다. 탐욕은 안전하고 싶은 욕망에서 나오며, 안전해진다는 것은 무디어진다는 것입니다. 안전에 대한 욕망은 불안을 낳고, 그 불안이 우리 주위에 방어벽을 둘러치면서 고립화 과정이 시작됩니다. 방어벽이 우리의 감수성을 완벽히 차단합니다. 어떤 사물이 아무리 아름답더라도 우리는 곧 그것에 매력을 느끼지 못하게 됩니다. 이 상황에 우리는 익숙해지고, 한때 우리의 즐거움이던 것은 공허하고 따분한 것으로 바뀝니다. 아름다움이 아직도 거기 있건만, 우리는 이제 더는 그것에 열려 있지 않습니다. 아름다움은 우리의 단조로운 일상생활에 흡수되어 버립니다.

우리 가슴이 시들어서 친절하다는 것이 어떤 것인지를 잊었고, 별과 나무, 물에 반짝이는 빛을 보는 법도 잊었기 때문에, 우리는 그림, 보석, 책 그리고 끝없는 유흥의 자극이 필요해졌습니다. 우리는 계속 새로운 흥분과 자극을 찾고 점점 더 다양한 감각적 쾌락에 목말라 합니다. 이 갈증과 그 충족이 우리의 마음과 가슴을 피곤하고 무디게 만듭니다. 우리가 감각적인 것을 추구하는 한, 우리가 아름답다 추하다 하는 것들도 아주 피상적인 의미밖에 가지지 못합니다. 우리가 모든 것에 새롭게 다가갈 수 있을 때, 오직 그때에만 영원한 기쁨이 있습니다. 우리가 욕망에 매여 있는 한, 그 기쁨은 가능하지 않습니다. 감각적 쾌락에 대한 갈증과 그것을 충족하려는 갈망은 항상 새로운 실체, 그것을 경험하는 것을 방해합니다. 감각적 쾌락은 돈으로 살 수 있지만 아름다움에 대한 사랑은 그럴 수 없습니다.

우리 마음과 가슴의 공허함을 알아차리고도 자극이나 감각적 쾌락을 찾아 도피하지 않을 때, 마음과 가슴이 활짝 열려 감수성이 충만할 때, 오직 그때에만 창조가 있을 수 있고, 오직 그때에만 우리는 창조의 기쁨을 발견할 것입니다. 내면을 이해하지 못한 채로 외면 다듬기에 치중하면, 인간을 파괴와 슬픔으로 이끄는 가치관을 쌓아 갈 수밖에 없습니다.

◦

예술적 기법을 배우면 직업은 얻을 수 있겠지만, 그것이 우리를 창조적 인간으로 만들어 주는 것은 아닙니다. 그 반면에, 기쁨이 있고 창조의 불꽃이 있다면 창조력이 알아서 자기표현의 길을 찾아갈 터이니, 표현 기법을 배우지 않아도 됩니다. 시를 정말로 쓰고 싶은 사람은 시를 쓸 터이고, 기법까지 알고 있다면 금상첨화겠지요. 그러나 아무 할 말도 없다면, 굳이 기법을 강조할 이유가 있겠습니까. 우리 가슴에 사랑이 있을 때, 우리는 말을 나열하는 방법을 찾지 않습니다.

위대한 예술가들과 작가들은 창조자일지 몰라도, 우리는 창조자가 아니라 그저 관객입니다. 수많은 책을 읽고 멋진 음악을 듣고 예술품들을 감상하면서도, 우리는 결코 숭고함 그 자체를 직접 체험하지는 못합니다. 우리는 항상 시를 통해서, 그림을 통해서, 성인의 인격을 통해서 그것을 체험합니다. 노래하려면 우리 가슴속에 노래가 있어야 합니다. 그러나 우리 노래를 잃어버린 우리는 가수의 꽁무니를 따라다닙니다. 매개자가 없으면 우리는 길을 잃었다고 느낍니다. 그러나 우리는 길을 잃어야만 합니다. 그런 후에야 무언가 새로운 것을 발견할 수 있습니다. 발견은 창조의 시작입니다. 창조력이 없다면, 우리가 무엇을 하든, 인류에게 평화와 행복은 있을 수 없습니다.

우리는 어떤 방법이나 기법, 스타일을 배우면 행복하게 창조적으로 살 수 있게 되리라고 생각합니다. 그러나 창조적인 삶의 행복은 내면이 풍요로울 때에만 옵니다. 절대로 어떤 시스템을 통해서 얻을 수 있는 것이 아닙니다. 자기 계발은, '나'와 '내 것'의 안전을 확보하려는 또 다른 방법이라, 창조적인 것도 아니고 아름다움에 대한 사랑도 아닙니다. 창조는 마음의 타성과 마음이 스스로 만들어 놓은 장해물을 끊임없이 알아차릴 때 옵니다.

창조의 자유는 자기 이해와 함께 옵니다. 그러나 자기 이해는 타고난 재능이 아닙니다. 특별한 재능 없이도 누구나 창조적일 수 있습니다. 창조성이란 자아로 인한 갈등과 슬픔이 없는 상태, 마음이 강박적으로 욕망을 추구하는 데 사로잡혀 있지 않은 상태를 가리킵니다.

창조적으로 산다는 것은 시를 쓰거나 동상을 조각하거나 아이를 낳는 것을 말하는 것이 아닙니다. 진리가 드러날 수 있는 경지에서 사는 것이 창조적인 삶입니다. 진리는 생각이 완전히 멈추었을 때 오고, 생각은 자아가 없을 때에만 멈춥니다. 자아가 없을 때란 마음이 만들어 내기를 멈춘 때, 다시 말해 마음이 스스로 만든 것을 추구하는 일에 더는 매여 있지 않은 때를 말합니다. 강제나 훈육 때문이 아니라 제 스스로 마음이 온전히 고요할 때, 자아가 가만있어서 마음이 조용할 때, 그때 창조가 있게 됩니다.

아름다움에 대한 사랑은 노래로 표현될 수 있고, 미소로 또는 침묵으로도 나타날 수 있습니다. 그러나 우리 대부분은 침묵하고 싶은 마음이 없습니다. 우리는 새들을, 지나가는 구름들을 관찰할 시간이 없습니다. 욕망과 쾌락의 추구로 너무 바쁘기 때문입니다. 우리 가슴에 아름다움이 없는데 어떻게 아이들이 주의 깊고 예민해지도록 도울 수 있겠습니까. 우리는 추한 것을 피하고 아름다운 것에만 민감해지려고 노력합니다. 그러나 추한 것을 피하다 보면 둔감해집니다. 아이들 내면에 감수성을 키워 주고 싶다면, 우리 자신이 아름다움과 추함에 다 예민해야 합니다. 그리고 기회가 있을 때마다 보는 것seeing이 주는 즐거움을 아이들 안에 일깨워 주어야 합니다. 인공의 아름다움뿐 아니라 자연의 아름다움을 보는 즐거움에도 눈을 뜨도록 도와주어야 합니다.

●

J. 크리슈나무르티

Jiddu Krishnamurti, 1895~1986

1895년 5월 11일 인도 남동부의 작은 도시 마다나팔레에 있
는 작은 마을에서 태어났다. 집안의 영향으로 힌두교의 관습
을 따르며 평범한 어린 시절을 보내던 중, 1910년 국제 신지
학회神智學會 지도자에 의해 인류를 새로운 진화의 단계로 인
도할 '세계의 교사'가 될 존재로 지목되면서 삶의 전환점을
맞이하였다.

신지학회의 후원으로 영국 런던으로 간 크리슈나무르티는
이후 세계 여러 나라를 다니면서 '세계 교사'가 되기 위한 준
비 과정을 거치게 된다. 18년 동안 계속된 이 수련 과정에서

신지학 지도자들의 인도에 따라 영적 발전 단계를 밟아 가던 그는 남의 힘에 기대어 진리와 구원에 이른다는 원리에 대해 차츰 의심을 품게 되고, 인간의 자유와 자기 이해·진리에 관한 독자적 사고를 확립해 간다. 1929년, 네덜란드 옴멘에서 열린 신지학자 연례 캠프에서 그는 '진리는 길이 없는 곳이다'라는 담화를 발표하면서 마침내 독립한 구도자로서 홀로 서기를 선언한다. 담화의 핵심은, 진리란 어떤 정해진 길—조직, 신조, 교리, 종교 의례, 철학적 지식, 심리 기법 등—을 따라 다다를 수 있는 경지가 아니며, 관계라는 거울을 통해서 자기 생각과 마음의 미묘한 움직임을 관찰하고 온전히 이해함으로써 각자가 진리를 스스로 발견해야 한다는 것이었다.

그 후 1986년 90세의 나이로 임종할 때까지 60여 년간, 크리슈나무르티는 삶의 근본 쟁점들을 성찰하는 탐구자로서 세계 각지를 돌면서 수많은 강연과 대화를 통해 자신의 깨달음을 대중과 나누었다. 1929년 담화에서 "나의 유일한 관심은 인간을 절대적으로, 아무런 제약 없이 자유롭게 하는 것"이라고 밝힌 대로 그는 스스로 어떠한 권위도 내세우지 않고 아무도 추종자로 두지 않았으며, 오로지 각 개인이 깊고 완전한 성취를 통해 고통과 혼돈, 갈등의 냇물을 건너도록 돕는 데 힘썼다. 그가 남긴 가르침은 정리되어 60여 권의 책으로 발간되었고, 수많은 언어로 번역되었다.

한국어로 번역된 주요 작품으로는 『아는 것으로부터의 자유 Freedom from the Known』, 『자기로부터의 혁명 The First and Last Freedom』, 『삶에 관하여 Commentaries on Living』, 『시간의 종말 The Ending of Time』, 『관심의 불꽃 Flame of Attention』 등이 있다.

●

크리슈나무르티 학교들

"학교는 삶의 총체성, 완전성을 배우는 곳입니다. 학문적 탁월함은
절대로 필요합니다. 하지만 학교는 그보다 훨씬 많은 것을 내포하고
있습니다. 학교란 교사와 학생이 함께, 외부 세계 곧 지식의 세계뿐
아니라 그들 자신의 생각과 행동 또한 탐구하는 곳입니다."

−J. 크리슈나무르티

교육은 언제나 크리슈나무르티의 주요 관심사 가운데 하나
였다. 자신이 인종, 종교, 편견, 두려움, 욕망의 굴레에 매여
있으며 그로 인해 갈등이 생길 수밖에 없다는 사실을 사람들
이 깨달을 수만 있다면 그들의 삶이 질적으로 완전히 달라지
리라고 크리슈나무르티는 생각했다. 교육에 대한 그의 관심
은 인도와 미국, 영국에 세워진 학교들로 구현되었다.

크리슈나무르티는 학교 아이들에게 쉽고 분명한 말로 이야기했다. 그는 학생들과 함께 그들과 자연의 관계, 그들과 다른 사람들의 관계를 탐구하였다. 또 두려움, 권위, 경쟁, 사랑과 자유 같은 심리적 문제들과 어떤 관계를 맺고 있는지도 탐구하였다. 학교란 그에게 더 큰 실존적 쟁점들을 자유와 책임의 분위기 속에서 탐구할 수 있는 환경을 뜻했다.

이러한 정신을 살리기 위해, 모든 크리슈나무르티 학교는 다음과 같은 교육 환경을 갖추고 있다. 아름다운 자연 속 넓은 교정, 교사와 학생 사이의 우호적 관계, 소박하고 건강에 좋은 채식 식단, 검소하지만 안락한 주거 공간, 널찍하고 개방적인 교실들, 필요한 것들을 잘 갖춘 도서관과 실험실, 충분한 자격을 갖추고 소명 의식이 분명한 교사가 소수의 학생들과 함께하는 학급.

●

공인된 크리슈나무르티 학교들

● 리시 밸리 교육센터(Rishi Valley Education Center, 인도)

주소 Rishi Valley-517 352, Chittoor District, Andhra Pradesh,
      India

전화 011 91 8571 62037

팩스 011 91 8571 68622

웹사이트 www.rishivalley.org

● 라지가트 교육센터(Rajghat Education Center, 인도)

주소 Rajghat Besant School, Rajghat Fort, Varanasi

전화 91-542-2430336, 2440717, 2441536

이메일 rbskfi@gmail.com, kfirajghat@gmail.com

웹사이트 www.j-krishnamurti.org,
          www.rajghatbesantschool.org

● 더 스쿨 '다모다르 가든스'(The School "Damodar Gardens", 인도)

주소 Besant Avenue, Chennai-600 020 India

전화 011 91 44 491 5845

웹사이트 www.theschoolkfi.org

● 발 아난드, 뭄바이(Bal Anand, Mumbai, 인도)

주소 Akash Deep, 28 Dongersey Road Malabar Hill,
Mumbai-400 006

● 더 밸리 스쿨 방갈로르 교육센터(The Valley School Bangalore
Education Center, 인도)

주소 "Haridvanam", 17th K.M. Kanakapura Road,
Thatguni Post, Bangalore-560 062 India

전화 011 91 80 843 5240

팩스 011 91 80 843 5242

이메일 kfiblr@blr.vsnl.net.in

웹사이트 www.jkstudy.org

● 사야드리 스쿨(Sahyadri School, 인도)

주소 Sahyadri School, Post Tiwai Hill, Tal. Rajgurunagar, Dist.
Pune 410 513, India
Thatguni Post, Bangalore-560 062 India

전화 011 91 2135 288442/3, 306100/104/108/109

팩스 011 91 2135 84269

이메일 sahyadrischool@gmail.com

웹사이트 www.sahyadrischool.org

- 파타살라(Pathashaala—The School KFI, 인도)

  주소 Besant Avenue, Chennai 600 020

  전화 044 24915845, 044-24465144, 91-9444674018

  이메일 pathashaala.tcec.kfi@gmail.com

  웹사이트 http://pathashaala.tcec-kfi.org

- 오크 그로브 스쿨(Oak Grove School, 미국)

  주소 220 West Lomita Ave., Ojai, California 93023 USA

  전화 (805) 646-8236

  팩스 (805) 646-6509

  이메일 office@oakgroveschool.com

  입학처 enroll@oakgroveschool.com

  웹사이트 www.oakgroveschool.com

- 브록우드 파크 스쿨(Brockwood Park School, 영국)

  주소 Bramdean, Hampshire, SO24 OLQ, England

  전화 011 44 (0)1962 771744

  팩스 011 44 (0)1962 771875

  이메일 info@brockwood.org.uk

  웹사이트 www.brockwood.org.uk

크리슈나무르티, 교육을 말하다

Education and the Significance of Life

초판 1쇄 발행 2016년 7월 11일
초판 4쇄 발행 2021년 1월 25일

지은이 J. 크리슈나무르티
옮긴이 캐서린 한
펴낸이 캐서린 한
편집 한국NVC센터

펴낸곳 한국NVC센터
등록 2008년 4월 4일 제300-2012-216호
주소 (06159) 서울특별시 강남구 삼성로 96길 23, 3층(삼성동, 남양빌딩)
전화 02)3142-5586 팩스 02)325-5587 이메일 book@krnvc.org
웹사이트 www.krnvc.org 대표문의 nvccenter@krnvc.org 02)6291-5585

ISBN 979-11-85121-10-9 03370